KB054754

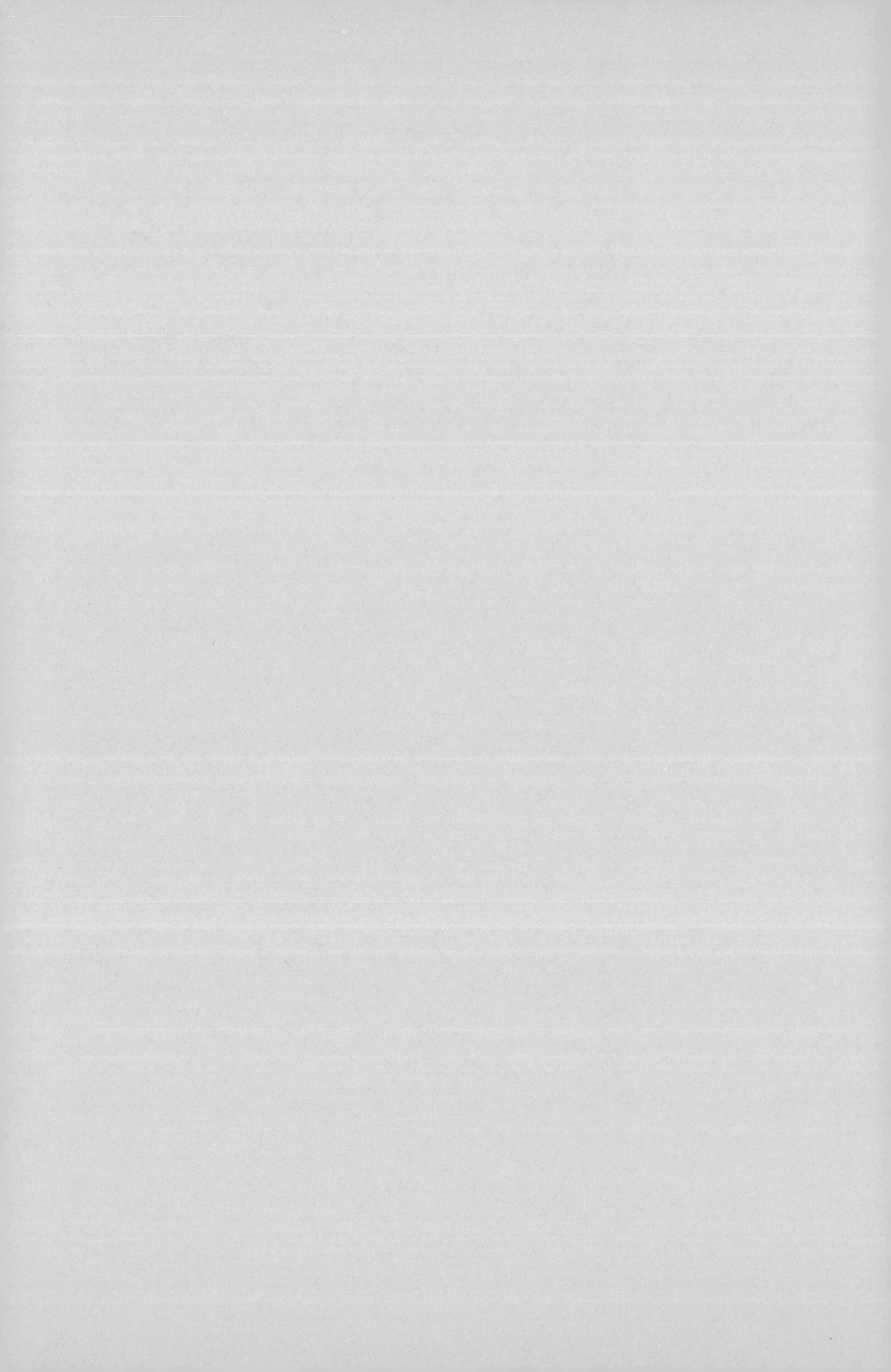

# 유심결唯心決 강술講述

당唐 영명연수延壽대사 술述

도영스님 편역

## 일러두기

1. 원문은 대정장大正藏 No. 2018 영명지각선사永明智覺禪師 유심결唯心訣 제1권을 저본으로 하여 번역하였다.
2. 주해는 정군程群 저 《유심결해독唯心訣解讀》(이하 해독), 호순평胡順萍 저 《영명연수 「일심一心」사상의 내함요의內涵要義 및 이론구조》(이하 구조), 정명산인淨明山人 강술 《유심결선강唯心訣選講》(이하 선강)을 편집하여 실었다.
3. 부록으로 정명산인淨明山人 강술 《정혜상자가직강定慧相資歌直講》(이하 직강)을 편집하여 실었다.

영명연수대사永明延壽大師(904～975년)

# 들어가는 말[1)]

영명연수대사의 《유심결唯心訣》 1권은 5천여 자로 되어있는데, 주제는 명확하고, 문자는 화려하며, 연수대사께서 증득한 견지見地를 집중적으로 표현한 대표적인 단편으로 선종 법안종法眼宗 철학의 "도덕경(五千文)"이라 할만하다.

연수대사께서는 법안종의 창시자인 청량문익淸凉文益(885년 - 958년)의 삼계유심三界唯心 사상을 계승하고, 화엄종 철학을 흡수하여 종宗 · 교敎 일치를 강조하면서 교로 말미암아 종으로 들어가고 교로써 종을 인가할 것을 강조하셨다. 그 견지見地는 "일심一心"을 종요로 삼는다. 대사께서는 여러 대덕을 통솔하여 1백 권의 대작인 《종경록宗鏡錄》을 편집하셨는데, 《서문》에서 이 책의 주제인 "일심을 들어 종으로 삼아 만법을 거울처럼 비춘다(擧一心爲宗照萬法如鏡)"는 종지를 명확하게 밝히셨고, 마음을 종으로 삼고, 마음을 체로 삼아 "청정법계는 곧 진여묘심이다", "일체제법은 바로 자성이다." 하셨다.[2)] 《종경록》 4권에서 이르시길,

---

1) 정군程群 저 《유심결해독唯心訣解讀》의 서문을 번역해 서문으로 삼았다.

2) 이 청정법계는 곧 진여묘심眞如妙心이다. 그것은 제불에게는 과해果海의 근원이 되고, 중생에게는 실제實際의 대지가 된다. 각각의

이 식識과 이 마음은 오직 존귀하고 오직 수승하다. 이 식이란 시방제불의 소증所證이고, 이 마음이란 일대시교의 소전所詮이며, 오직 존귀하다 함은 교리행과敎理行果의 소귀所歸이고, 오직 수승하다 함은 신해증입信解證入의 소취所趣이다.

"유심唯心"은 원시불학에서 대승불학에 이르기까지 일관되게 수차례 설한 요의要義이나, 여러 승과 여러 종의 대상인 "유唯"의 "심心"은 좁은 것에서 넓은 것까지, 얕은 것에서 깊은 것까지 차별이 있다. 만약 그 가운데 권실權實과 심천深淺에 대해 구분하고 널리 알려 드러내지 않으면 불가에서 설하는 유심사상에 담긴 구경의 종지와 종취를 이해할 수 없다. 종밀宗密의 《보현행원품소초普賢行願品疏鈔》 2권에 이르시길,

그러나 여러 경론은 모두 만법일심 · 삼계유식을 설하지만, 후인이 그 종지가 각각 다르고 권실權實에 다름이 있어 이미 이해된 것에 어긋나면 거부하고 받아들이지 않는다. 이는 일체경론의 소종所宗으로

---

경우 이는 종을 위해 세우는 다른 이름으로 달리 체가 있는 것이 아니다. 혹 종宗을 존귀함이라 말하고 마음을 종으로 삼는다. 그래서 이르길, "천상천하에 나 홀로 존귀하다(天上天下 唯我獨尊)." 하셨다. 혹 체를 자성이라 하고 마음을 체로 삼는다. 그래서 이르시길, "일체법이 곧 마음의 자성임을 알지라(知一切法, 卽心自性)." 하셨다. 혹 지혜라 말하고 마음을 지혜로 삼으니, 이는 바로 본래성품이 고요히 비추는 작용이다. 그래서 이르시길, "자각성지自覺聖智, 보광명지普光明智 등이다." 하셨다. (법계의) 의미와 작용을 기준으로 나누면 체와 종은 작용이 다르다. 만약 평등한 과해로 모여 돌아가면 한 길도 차이가 없다. _《종경록》 1권

심천深淺을 모두 드러내지 않으면 어찌 일심의 종지와 종취를 궁구하겠는가![3)]

화엄종의 여러 조사들은 모든 경교에 있는 유심설을 판별하여 오교五教의 일심 내지 열 가지 일심으로 나눈 후 구조도 가장 완전하고, 사상도 가장 성숙하게 하였다. 법장法藏은 《화엄경탐현기華嚴經探玄記》에서 오교五教에 의지해 "유식을 증성證成함"으로써 십문十門을 널리 열었고, 징관澄觀과 종밀은 조사를 승계하여 한걸음 나아가 천명하였다. 종밀은 《보현행원품소초》 2권에서 오교五教로써 일심을 드러내고, 여러 종의 대상인 유"심"의 뜻을 상세하게 언변하였다.

소승교에서 주로 천명한 것은 중생의 생사윤회와 열반해탈로 마음을 추기(樞機 ; 핵심적인 역할을 하는 것)로 삼고, 마음으로 말미암아 조성되고, 마음으로 말미암아 나오며, 마음을 주재로 삼으니, 이는 "업감연기業感緣起" 의의 상의 유심론에 속한다. 그 대상인 유의 "심"은 육식망심六識妄心으로 이 같은 유심설은 바깥경계를 실유實有로 인식하고, 바깥경계의 체성을 일심으로 돌아가게 하지 못하는 까닭에 이 같은 유심설은 "가설일심假說一心"이라 한다.

대승시교大乘始教(법상유식학法相唯識學)는 "이숙아뢰야를 일심이라 밝히고," 아뢰야 연기로써 일심을 논하여 경계를 마음에 섭수하

3) 《속장경續藏經》 제7책, 844페이지, 《종경록》 28권

여 "바깥경계가 없다고 간별한다(簡無外境)." 비록 마음 바깥에 따로 실법이 없다고 말할지라도 그것의 대상인 유의 "심"은 팔식망심으로 이는 구조론 의의 상의 유심론이고, 또한 본체론의 유심이 아니다. 대승종교大乘終教는 "여래장을 오직 일심이라 밝히고", 여래장연기 혹은 진여연기로 일심을 논하고, 일여래장 진심이 만유를 총섭하여 이 마음이 진여 · 생멸 이문을 갖추고, 염정 일체 제법을 총섭하니, 이는 본체론 의의 상의 유심론이다. 그러나 아직도 진심 망심이 완전히 일체로 통일되지 못하여 대상인 유의 "심"은 구경에 이르지 못한다.

대승돈교大乘頓教는 "염정이 사라지고 끊어진 까닭에 일심이라 말한다." 말하자면 청정본심은 본래 염정이 없고, 망상의 때에 대해 임시로 청정이라 하고, 망이 이미 본래 공하여 청정한 상 또한 다하고, 오로지 본각 청정이 현현하니, 이는 이전 교와 대승종교의 일심염정 원융무이를 제수(諸數; 변견)의 가설일심으로 결국은 구경이 아니라고 깨뜨린다. 화엄종의 원교일심圓教一心은 "만유를 통섭함이 바로 일심이다(總該萬有 即是一心)"라고 주장한다. 이 일심은 경계의 체를 곧장 가리키니, 이 마음은 부처도 중생도 아니고, 진심도 망심도 아니며, 오직 일체가 아니되 일체의 근본이 되고, 사사무애 · 법계원융 · 일즉일체의 이체理體이 된다. 종밀은 《원각경대소圓覺經大疏》에서 이르길, "말하자면 하나 가운데 일체가 있고, 저 일체 가운데 다시 일체가 있어 중중무진하니, 모두 심식여래장성心識如來藏性으로 원융무진하고, 진여성眞如性으로써 필경에 다함이 없는 까닭에 일체법이 곧 진여라 관하는 까닭에 일체시 · 일체처가 모두 제석천의 그물(帝網)인 까닭이다" 하였다. 천개의 구슬이 상즉상입相卽相入하니, 하나의 구슬 가운데 일체 구슬의 모습이 비치고, 일체 구슬 가운데 구슬 하나하나의 모습이 비치는 것과 같다. 이는 원교의 유심의唯心義에 담긴 극지極旨를 비유한 것이다.

《유심결》의 대상인 유의 "심"은 화엄종의 원교 "일심" 및 선종에서 말하는 불심 · 본심 · 자성 · "즉심즉불卽心卽佛"에 담긴 마음의 융합이다. 그 문장 중에서 이 마음은 불타께서 설법하고 가르침을 드리운 출발점과 불법의 지귀旨歸 · 종요宗要 전부라고 강조하고, 원교의 "법인法印"이라고 강조하며, 나아가 이 법인을 저울로 삼아 일백이십 가지 "삿된 종지의 견해(邪宗見解)"[4]를 판별하신다.

---

4) 용성스님께서는 《수심론》에서 깨달음의 길에 오르려면 진망을 결택해야 한다고 말씀하시면서 병통을 간탁함에 있어 영명연수대사의 일백이십 가지 병통을 소개하고 있다.

정토종 제 육조, 아미타불의 화신 영명 연수선사
净土宗六祖 永明延寿大师


## 永明 延壽禪師 萬善同歸 中道頌
## 영명 연수선사 만선동귀 중도송

메아리와 같은 육바라밀을 행하고, (施爲谷響度門)
허공 꽃과 같은 만 가지 덕목을 닦으라. (修習空華萬行)
인연으로 생기는 성품 바다에 깊이 들어가, (深入緣生性海)
환상과 같은 법문에서 항상 노닐라. (常遊如幻法門)
본래 물들지 않는 번뇌를 맹서코 끊고, (誓斷無染塵勞)
유심정토에 태어나기를 발원하라. (願生惟心淨土)
실제적인 이치의 땅을 밟고, (履踐實際理地)
얻을 것이 없는 관법의 문에 출입하라. (出入無得觀門)
거울에 비친 그림자의 마군을 항복받으며, (降伏鏡像魔軍)
꿈속의 불사를 크게 지으라. (大作夢中佛事)
환상과 같은 중생들을 널리 제도하여, (廣度如化含識)
적멸한 보리를 다 함께 증득하라. (同證寂滅菩提)

# 영명연수대사 사적事跡 약술[5)]

연수대사의 자는 충현沖玄이고 속성은 왕씨이다. 본은 단양丹陽 사람으로 나중에 절강성 여항현餘杭縣으로 이사하였다. 과거세에 선근을 심어 어린 시절 60일만에 《법화경》을 전부 암송할 수 있었다. 십여 세에 곧 오신채를 먹지 않았고 하루 거의 일식을 하였다.

오월吳越 전문목왕錢文穆王 때 현위縣衛 직책을 맡아 세금을 거두었는데, 관의 돈을 쓸 때마다 생명을 사들여 방생한 죄로 죽게 되었다. 그러나 그는 죽음을 오히려 돌아가는 것으로 보아 얼굴색 하나 변하지 않자 왕명으로 석방되었다. 이윽고 절강산 은현 사명산에 들어가 취암翠巖선사에게 절하고 출가하였다. 그 후 절강성 천태산의 국청사 소국사韶國師에게 참학參學하여 마음자리를 밝혀내고, 곧 전법을 받아 법안종의 적손이 되었다.

지자암智者巖에 머물러 법화참法華懺을 닦으면서 경행을 할 때 문득 보현전에 공양한 연화가 홀연히 손에 있는 것을 보았다. 이로써 숙원이 아직 해결되지 않아 곧 지자대사 상 앞에서 「일일

---

5) 대만 석성범스님의 《만선동귀집 강의》에 실린 내용에서 발췌하여 실었다.

일심선정」과 「일일 만행장엄정토」의 두 개의 제비를 뽑았다. 맑은 마음으로 경건하게 기도하면서 일곱 차례 모두 정토 제비를 뽑았다. 이에 한 마음으로 정업을 전수하고 만행을 보조로 삼았다.

천태산에서 7년을 머문 후 금화 천주산에 가서 3년 송경을 하였고, 선관 중에 관세음보살을 친견하고 감로로 그 입을 씻었다. 이로부터 이후에 변재가 걸림이 없었다. 저술에는 《신서안양부神棲安養賦》·《주심부註心賦》·《유심결唯心訣》·《만선동귀집萬善同歸集》·《종경록宗鏡錄》 등 백여 권이 있다. 마음을 건립해 종취로 삼고, 깨달음으로써 결을 삼아서 성상性相을 융회하고 불심에 미묘하게 계합하였다.

처음 설보雪寶에 머물러 중생을 통솔하여 몸에 배이도록 닦게 하였다. 만년에 오월吳越 충의왕忠懿王의 청을 받아 항주杭州 서호西湖 영명사永明寺를 주지하셨고 지각선사智覺禪師란 호를 하사 받았다. 일과로 108가지 일을 하고 밤에 다른 봉우리에 가서 행도行道 염불하셨다. 제자 대중이 항상 2천이었고, 은밀히 뒤따르는 자가 항상 백 명에 이르렀다. 밤이 고요하매 사방의 행인이 모두 범패 천상음악 소리를 들었다. 충의왕은 찬탄하여 말하길, "자고이래로 서방에 태어나길 구한 이로 이와 같이 전심으로 간절한 이는 없도다" 하였다. 마침내 서쪽에 향엄전을 건립하게 되어 그 뜻을 이루었다.

영명사에서 15년을 주지하시면서 일생동안 법화경을 총 1만3

천 부를 염송하였고 제자 1천7백 명을 제도하였으며 항상 대중에게 보살계를 주셨다. 귀신에게 음식을 베풀었으며 헤아릴 수 없는 생명을 사서 살렸으며, 빠짐 없이 회향하여 정토를 장엄하셨으니, 사부대중이 연수대사를 자씨보살이 하생하신 분이라 칭찬하였다. 북송 개보開寶 8년(975) 2월 28일, 새벽에 일어나 향을 사르라 이르시고, 중생에게 게를 설하여 말씀하시길, "입으로는 늘 아미타불을 부르고, 마음으로는 언제나 백호광명을 생각하라. 이렇게 지녀 마음이 물러나지 않으면 결정코 안양정토에 왕생하리라(彌陀口口稱 白毫念念想 持此不退心 決定生安養)" 하셨다. 말씀을 마치시고 가부좌한 채 화하시니, 세수 72세였다.

나중에 지전志全이라는 이름의 스님이 강서성 임주부에서 항주에 도착하여 연수대사의 탑을 경건한 마음으로 돌며 예를 올렸다. 사람이 그에게 무엇을 하는가 물었다. 그가 대답하길, "나는 병들어 죽어 명부에 가서 보니, 염라왕전 왼쪽에 한 스님 상을 모시고 염라왕이 부지런히 예경을 다했다. 은밀히 다른 사람에게 물어보니, 이 분은 항주 영명사 연수대사 초상이오. 지금 이미 서방극락에 상상품으로 왕생하여 왕이 그 덕을 소중히 여겨 그래서 예경을 그치지 않는 것이오." 하였다. 이 스님은 죽을 운명에 해당하지 않아 염라왕이 사람을 보내 다시 이 세상에 돌려보내었다. 그래서 특별이 와서 탑을 돌며 예경을 다하였다.

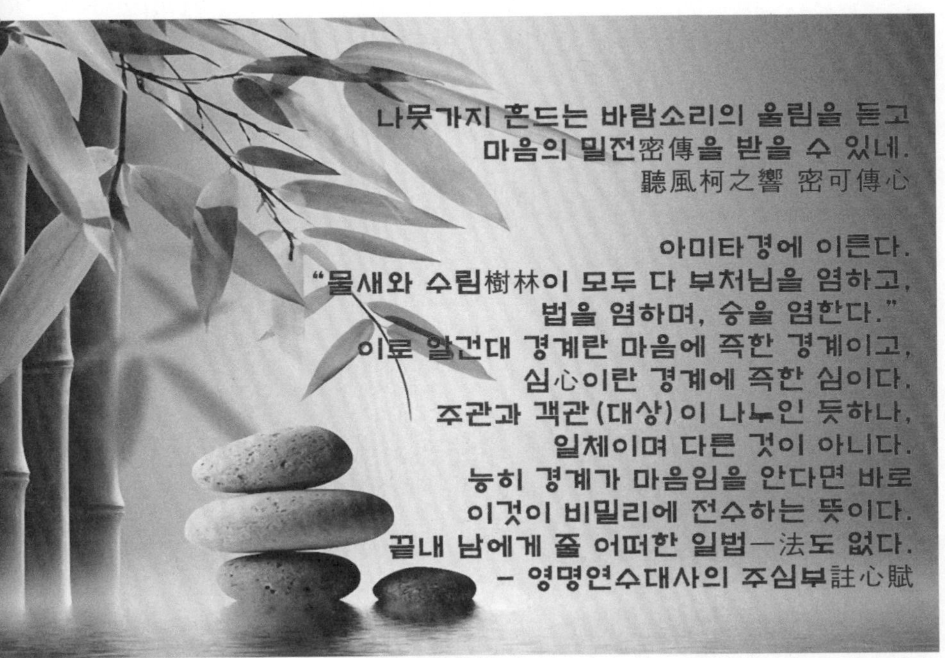
나뭇가지 흔드는 바람소리의 울림을 듣고
마음의 밀전密傳을 받을 수 있네.
聽風柯之響 密可傳心
아미타경에 이른다.
"물새와 수림樹林이 모두 다 부처님을 염하고,
법을 염하며, 승을 염한다."
이로 알건대 경계란 마음에 즉한 경계이고,
심心이란 경계에 즉한 심이다.
주관과 객관(대상)이 나누인 듯하나,
일체이며 다른 것이 아니다.
능히 경계가 마음임을 안다면 바로
이것이 비밀리에 전수하는 뜻이다.
끝내 남에게 줄 어떠한 일법一法도 없다.
– 영명연수대사의 주심부註心賦

# 목 차

# 제1장. 마음(心), 전체 불법의 강종綱宗

## 1. 일심과 일법

### 1-1 「마음」은 언어문자로 완전히 변설할 수 있는 것이 아니다

**무릇 마음이란 진심 혹은 망심, 유 혹은 무로써 논변할 수 있는 것이 아니니, 어찌 문언과 구의로써 서술할 수 있겠는가! 그러나 뭇 성현께서 게송을 지어 읊고, 옛 철인께서 경전의 말씀을 드러내고 헤아려 막힘없이 밝힌 것은 중생을 위한 까닭이다.**

詳夫心者，非眞妄有無之所辨，豈文言句義之能述乎！然衆聖歌詠、往哲詮量，非不洞明，爲物故耳。

**[구조]** 「마음(心)」은 이미 추상이고 또한 초월한 것이기에 실로 진심 혹은 망심, 유 혹은 무로써 논변할 수 없으니, 곧 「문언구의」로써 천명하고 상세히 설명할 수 없다. 비록 말이 이처럼 「마음」을 논변할 수 없고 서술할 수 없을지라도 종래의 성현 · 철인께서는 심신을 「가영歌詠」과 「전량詮量」[6][7]에, 그리고 관련 있는 「마음」의

---

6) 《어제비장전御製祕藏詮》에 이르길, “전詮이란 능히 풀이하여 밝힐

함의를 분석하는 것에 힘써 모두 「막힘없이 밝혔으니」, 이는 오직 다른 「중생(物)」에 순응하고, 곧 다른 인연과 호응하기 위한 까닭에 천차만별의 설법이 있다.

1-2 천갈래 다른 설법은 모두 일법으로 돌아갈 것을 가리킨다

**이는 천 갈래 다른 설법으로써 중생의 근기에 수순하여 알맞게 일법을 가리켜 그것으로 돌아가게 할 뿐이다. 그래서 《반야경》에서는 유언무이唯言無二, 《법화경》에서는 단설일승但說一乘, 《사익경》에서는 평등여여平等如如, 《화엄경》에서는 순진법계純眞法界, 《원각경》에서는 건립일체建立一切, 《능엄경》에서는 함과시방含裹十方, 《대집경》에서는 염정융통染淨融通, 《보적경》에서는 근진민합根塵泯合, 《열반경》에서는 함안비장咸安祕藏, 《정명경》에서는 무비도량無非道場을 각각 설하였다.** [이와 같이] **통섭**

---

수 있는 경전(能詮)의 가르침을 말하는 것으로, 소승(半字)과 대승(滿字)의 모든 오묘한 경전을 말한다." 하였다. 전詮이란 경전의 문구를 설명하고 해석한다는 뜻이니, 경전의 뜻과 이치를 능히 풀이하여 드러낼 수 있다고 능전能詮이라고 부른다. 이에 대해서 해석되어 드러내지는 뜻과 이치는 소전所詮이라고 부른다.

7) 양量은 인식·지식으로 헤아림(測量)의 기준(準繩)이다. 두斗로 쌀을 재고, 척尺으로 포를 재며, 저울로 무게를 단다. 유식학은 삼량을 세워서 심식에 갖추어져 있는 양탁(量度; 헤아려 인식함)을 밝힌다. 우리들의 심식활동 중에 인식할 수 있는 작용을 식識이라 하고, 인식하는 대상을 경境이라 한다. 이 인식하는 주체와 인식 대상 사이에 심식은 능량能量이고, 인식경계는 소량所量이다.

**포함하여 사事로 다함이 없고, 망라 포괄하여 이理로 돌아가지 않음이 없다.**

是以千途異說，隨順機宜，無不指歸一法而已。故《般若》唯言無二，《法華》但說一乘，《思益》平等如如，《華嚴》純眞法界，《圓覺》建立一切，《楞嚴》含裹十方，《大集》染淨融通，《寶積》根塵泯合，《涅槃》咸安祕藏，《淨名》無非道場。統攝包含，事無不盡；籠羅該括，理無不歸。

**[구조]** 석존께서 일생동안 가르친 법은 부처님의 지견에 중생이 개시오입開示悟入하도록 하는 것이다. 부처님의 원만한 지혜로써 말하면 마땅히 두루 원만하게 갖춘 까닭에 일단 부처님의 지혜에 계입契入하면 이는 무이無二·일승一乘·평등平等·융통融通·민합泯合으로 포괄하는 범위가 필히 일체·시방이고, 증득하는 경계는 필히 순진법계이므로 있는 곳이 도량이 아님이 없다. 연수대사께서는 십부의 경전을 인용하여 예를 들어 설명하셨다. 즉 법의 개설은 「중생의 근기에 수순한다.」 그래서 「천 갈래 다른 설법」이 생겨났으나, 그 목적은 모두 「일법」(마음)을 가리켜 그것으로 귀입歸入시키는데 있다. 오직 일법(마음)으로 들어가야만 비로소 통섭망라하여 이와 사가 원만히 다하고 진여의 경지에 들어갈 수 있다.

1-3 일법을 깨치면 만법에 모두 원통하다

**다만 일법은 천 가지 이름으로써 연에 응하여 이름을 세웠을 뿐, 방편의 설법에 막히고 수사隨事의 이름에 미혹하여 중생은 진이 아니다·제불은 실이다 말해서는 안 된다. 일법을 깨치면 만법에 원통하여 진겁에 머물러 막힌 것을 당하에 녹이고 가없는 묘의를 일시에 다 통달하며, 법원의 바닥까지 깊이 사무치고 제불의 기틀을 훤히 궁구하나니, 지극히 작은 공에도 흔들리지 않고 작은 발걸음도 쉽게 옮기지 않으며, 항하사 세계에서 한가로이 노닐고 두루 도량을 돌아다니거늘 어떤 불찰토인들 오르지 못하고, 어떤 법회인들 거닐지 못하겠는가? 한 상相이라도 실상이 아님이 없고, 한 인因이라도 원만한 인이 아님이 없다. 항하사 여래께서 눈앞에 계시듯 빛나고 시방의 불법이 손바닥 보듯 밝으며, 높고 낮은 산과 물이 함께 근본법륜을 굴리고 크고 작은 비늘과 털이 두루 색신삼매를 나투며, 한 자리에 앉아서도 시방세계에서 모두 나타나고 한 법음을 연설해도 항하사 세계에서 모두 들리며, 현묘한 이치를 말하여 미묘함을 드러내어도 인륜을 파괴 않고 변화해 수천수만 모습으로 변화해도 진실된 이치(眞際)를 여의지 않으니, 삼세제불과 더불어 일시에 도를 이루고 함께 십계 중생과 함께 같은 날 열반에 든다.**

是以一法千名，應緣立號，不可滯方便之說、迷隨事之名，謂衆生非眞、諸佛是實。若悟一法，萬法圓通，塵劫凝滯當下氷消、無邊妙義一時通盡，深徹法源之底、洞探諸佛之機，不動微毫之功、匪移絲髮之步，優游沙界、遍歷道場，何佛刹而不登？何法會而不涉？無一相而非實相，無一因而非圓因，恒沙如來煥若目前、十方佛法皎然掌內，高低岳瀆共轉根本法輪、大小鱗毛普現色身三昧，處一座而十方俱現、演一音而沙界齊聞，談玄顯妙而不壞凡倫、千變萬化而未離眞際，與三世佛一時成道、共十類生同日涅槃。

**[구조]** 「일법」은 바로 「마음」으로 「연에 응해 이름을 세우는」 까닭에 「천 가지 이름」이 있다. 「천 가지 이름」이 생겨남은 「방편方便」·「수사隨事」에 반연한 것이지만, 「방편의 설법에 막히고」·「수사迷隨의 이름에 미혹」해서는 안 된다. 중생과 제불을 둘로 나누어 「중생은 진이 아니다 · 제불은 실이다」 여기면 이는 「진겁에 머물러 막히고」, 끝내 「법원의 바닥」·「제불의 기틀[8]」을 궁구하기 어렵다. 만약 천 가지 이름이 실제로 일법임을 또렷이 깨달을 수 있다면 천 가지 이름 · 일체만법은 본래 하나(마음)로 원통하니, 곧 「지극히 작은 공에도 흔들리지 않고 작은 발걸음도 쉽게 옮기지 않으며, 항하사 세계에서 한가로이 노닐고 두루 도량을 돌아다니

---

8) 기틀(機)은 부처님의 가르침에 접하여 발동되는 수행자의 정신적 능력을 의미한다. 부처님의 가르침의 대상인 중생을 지칭하기도 한다. 선종에서는 불교의 가르침이 사람에게 전하여져서 그것이 체화(體化) 또는 인격화하여 밖으로 나타나는 능력, 내지 그 표현을 뜻한다.

거늘 어떤 불찰토인들 오르지 못하고, 어떤 법회인들 다니지 못하겠는가? 한 상이라도 실상이 아님이 없고, 한 인이라도 원만한 인이 아님이 없다. …… 한 자리에 앉아서도 시방세계에서 모두 나타나고 한 법음을 연설해도 항하사 세계에서 모두 들리며,……」

이처럼 《유심결》에는 일법을 깨달은 후 증득하는 원통경계에 대한 생생한 묘사가 매우 많이 있다.

### 1-4 유심으로 말미암아 일심은 지관에 이른다

**마군의 궁전에 법의 북을 치고 사도의 나라에 법의 번개를 치며, 거슬러 나아가도 저절로 순하고 강건히 처해도 저절로 부드러우며, 높이 임해도 위태롭지 않고 가득 차도 넘치지 않나니, 가히 배움을 끊은 경지에 단정히 거하고 무위의 근원을 깊이 밟으며, 온갖 미묘한 현문에 들어가고 일실一實의 경계에 노닌다고 말할 수 있다. 한 법도 본래 있음이 없고 한 법도 비로소 이룸이 없으며, 중도와 양변이 사라지고 전념과 후념이 끊어지며, 같고 다름을 인증하고 가고 옴이 하나이며, 수많은 경계를 가지런히 관하여 일제一際 평등의 경계에 도달한다.**

擊法鼓於魔宮、震法雷於邪域，履逆而自順、處剛而自柔，臨高而不危、在滿而不溢，可謂端居絶學之地、深履無爲之源，入衆妙之玄門、遊一實之境界。無一法本有、無一法始成，泯中邊、絶前後，印同異、一去來，萬境齊觀，一際平等。

**[구조]** 바깥 경계가 비록 천차만별 같지 않을지라도 「제관齊觀」할 수 있다면 「일제一際 평등의 경계에 도달」할 수 있다. 「수많은 경계를 가지런히 관하여 일제 평등의 경계에 도달한다」 함은 결코 객체의 실제 수많은 경계를 관찰하여 말한 것이 아니고, 그 요점은 「제관齊觀」에 있음이 틀림없다. 그러면 어떠한 「관」을 「제齊」라고 말하는가? 오직 「제齊」가 있어야 「일제 평등」의 경계를 성취할 수 있다.

**분명히 알지니, 삼보는 언제나 나투고 나의 국토는 불타지 않으며, 범음은 변함없이 들리고 지혜의 광명은 언제나 비춘다. 이 대적삼매大寂三昧·금강정문金剛定門은 예나 지금이나 다 그러하고 범부와 성인이 나란히 평등함은 물 한 방울이 바다와 젖는 성질에 있어 차이가 없음과 같고, 겨자 구멍의 허공이 태허와 수용함에 있어 다르지 않음과 같다. 이를 믿으면 그 공덕이 원겁을 뛰어넘고, 이를 밝게 보면 단지 찰나지간에 있다.**

明知三寶常現，我土不燒；梵音恒聞，慧光常照。此大寂三昧、金剛定門，今古咸然、聖凡齊等，如一滴之水，與渤澥之潤性無差；若芥孔之空，等太虛之容納非別。信之者功超遠劫、明之者秖在剎那。

**[해독]** 일심을 또렷이 깨달음을 "대적삼매大寂三昧" · "금강정문金剛定門"이라 하니, 이를 깊이 믿으면 곧 능히 "공은 원겁에 뛰어나고(功超遠劫)" 문득 깨닫고 밝게 보면 "단지 찰나지간에 있다." 곧 당하에 불과의 경계인 「하나가 곧 일체이고 일체가 곧 하나(一卽一切 一切卽一)」인 "제망무애帝網無碍"[9]의 묘의를 증오證悟할 수 있다.

**이는 일제一際의 법문이요 진실로 방소가 없는 대도이다. 티끌 하나를 모으되 합하지 아니하고 뭇 찰토를 흩어버리되 나누지 아니하며, 빛을 감추되 무리를 이루지 아니하고 티끌과 함께하되 물들지 아니하며, 뛰쳐나가되 여의지 아니하고 가만히 부합하되 돌아옴이 없으며, 범부와 성인을 길러내되 형질 · 형상 없이 관할 수 있고 법계를 건설하되 명상 · 자구 없이 세울 수 있으며, 우거진 초목에 의지하여 고금古今을 덮어씌운다. 법계에 두루하고 허공에도 두루하여 드넓은 하늘도 그 당체를 덮을 수 없고, 항상 비추고 항상 나타나 철위산도 그 빛을 감출 수 없으며, 머뭄도 없고 의지함도 없어 번뇌가 그 본성을**

9) "제석천의 그물코에 달려 있는 구슬들이 서로 끝이 없어 비춘다는 제망무애는 또한 이 연꽃잎이 제석천의 인드라망 구슬과 같아서 하나하나의 티끌 가운데 각자가 끝이 없는 모든 세계의 바다를 지니고 있고, 이 모든 세계의 바다에 다시 미세한 티끌이 있는데, 이 티끌 속에 다시 무량한 세계가 있다는 것을 말한다. 이와 같이 거듭거듭 되풀이되는 것의 끝을 볼 수가 없으니, 이것은 중생의 알음알이로서 생각할 경계가 아니다." _《명추회요》, 원순스님 역

**바꿀 수 없고, 순수하지도 않고 뒤섞지도 않아 만법이 그 진성을 숨길 수 없다.**

此一際之法門，眞無方之大道。聚一塵而非合、散衆剎而非分，和光而不群、同塵而不染，超出而不離、冥合而無歸，養育凡聖而無質像可觀、興建法界而無名字可立，依蔭草木、籠罩古今。遍界遍空，穹蒼不能覆其體；常照常現，鐵圍不能匿其輝；無住無依，塵勞不能易其性；非純非雜，萬法不能隱其眞。

**[구조]** 범부와 성인을 말하면 덕성을 성취함에 있어서 차이일 뿐이다. 그러나 이 차이는 실제로 「볼 수 있는 형질 · 형상이 없다」. 바꾸어 말하면 「제관齊觀」은 한편으로는 바깥으로 관할 수 있는 형질 · 형상이 없다. 범부와 성인의 이름은 「사람」으로 말미암아 제정制定하고, 사람의 근본은 「마음」에 있는 까닭에 「제관」은 다른 한편으로는 바로 「심관心觀」이다. 마음으로써 바깥 경계를 관하면 「경계가 비록 나타날지라도 나타남도 심성도 없다(境雖現而無現性).」 만약 「마음」으로써 수많은 경계를 관할 수 있다면 수많은 경계는 본래 「제齊」 · 「일一」 · 「평등」하고, 바깥 경계가 비록 나타날지라도 오히려 잠시의 환상일 뿐 유「심」이라야 「근본」이고 「성性」이다. 그래서 「마음」이 수많은 「경계」를 「관」함에 있어 그 주체는 「마음」에 있다. 연수대사께서는 심心 · 관觀 · 경境 이 셋의 관계를 「유심과 관심」 절에서 제시하신다. “마음 물이 혼탁하면 경계의 형상이 어두우니, 하나를 들어 전부 갖추어 섭수하고,

(마음이) 평탄 평등하고 완연히 구족함은 오직 정관正觀에 있다."

1-5 부동진여의 인생경계 : 본체와 현상은 하나로 원융하다

**쥐죽은 듯 조용해 소리가 없되 여러 음성이 땅 위로 우뚝 솟고, 텅 비어 모습이 없되 온갖 형상이 하늘 높이 솟으며, 상입相入하니 물경物境이 천차千差이고, 상즉相卽하니 삼라森羅가 일미一味이다. 사事를 좇되 본체를 잃지 않아 함께 함도 나뉨도 아니고, 성性을 지키지 않되 연緣에 맡겨서 또한 같고 또한 다르다. 그래서 성性에 즉한 상相인 까닭에 건립을 방해하지 않고, 이理에 즉한 사事인 까닭에 진상眞常을 가리지 않는다. 공空으로써 유有인 까닭에 어찌 번성을 장애하며, 정靜으로써 동動인 까닭에 어찌 담적湛寂이 이지러지겠는가! 하나임을 말한즉 크고 작음이 상입하고, 다름을 말한즉 높고 낮음이 같이 평등하며, 유를 말한즉 이理의 체가 고요하고, 무를 말한즉 사事의 용用을 폐하지 않는다.**

闃爾無聲而群音揭地、蕩然無相而衆像參天，相入而物境千差、相卽而森羅一味。不從事而失體，非共非分；不守性而任緣，亦同亦別。是以卽性之相故，無妨建立；卽理之事故，不翳眞常；以空之有故，豈碍繁興；以靜之動故，何虧湛寂。言一則大小相入，言異則高下俱平；言有則理體寂然，言無則事用不廢。言一，則大小相入；言異，則高下俱平；言有，則理體寂然；

言無，則事用不廢。

**[구조]** 본체와 현상의 복잡한 관계를 명백히 논술함은 화엄종의 이론 중심이다. 사事에서 말하면 「물경천차物境千差」, 이理에서 말하면 「삼라일미森羅一味」이며, 이理와 사事, 성性과 연緣의 관계는 「비공비분非共非分」·「역동역별亦同亦別」이다. 연수대사께서는 「즉성지상卽性之相」10)·「즉리지사卽理之事」11)·「이공지유以空之有」·「이정지동以靜之動」을 들어 현상세간의 번성하고 건립함이 모두 진상眞常·담적湛寂의 본체를 장애하지 않음을 설명하신다. 연수대사께서는 화엄종의 상즉상입相卽相入 이론12)에 따라 본체와 현상의 시일비이是一非二를 명백히 논술하셨다.

**비록 일어날지라도 항상 소멸하여 세간의 상은 허공을 머금고,**

---

10) "상相은 성性에 즉한 상相인 까닭에 항포行布문이 원융圓融문에 걸리지 아니하고 성性은 상相에 즉한 성性인 까닭에 원융문은 항포문에 걸림이 없다." _《화엄현담》

11) "원圓 가운데에는 사事를 들면 곧 이理에 즉한 사事요 이理를 들면 사事에 즉한 이理이다." _《화엄현담》

12) 「상즉相卽」이란 일체현상의 본체에 대해서 말하면 한편으로는 공이고 다른 한편으로는 유이며, 동시에 함께 공이거나 함께 유는 절대 성립할 수 없고, 언제나 양자는 서로 원융무애하여 일체를 이룬다. 「상입相入」이란 연緣의 작용에 의지해 일체현상의 용이 한편으로는 힘이 있고 다른 한편으로는 힘이 없으며. 동시에 함께 힘이 있거나 힘이 없음이 같이 존재하지 않고, 언제나 양자의 작용은 서로 번갈아 대립하여 원융무애하다. _《불광대사전》

**비록 고요하나 항상 생겨나 법계가 출현하며, 움직임에 맡기되 항상 머물러 수많은 변화에도 옮기지 않고, 은밀함에 맡기되 항상 일어나 일체가 응함(중생의 근기)에 따른다. 가법(假)[13]이 없되 환상幻相과 화합하고 실법(實)이 없되 진성眞性이 깊으며, 이룸이 없되 다른 형질이 서로 눈부시게 비치고 무너짐이 없되 여러 반연을 번갈아 끊는다.**

雖起而常滅，世相含虛；雖寂而恒生，法界出現；任動而常住，萬化不移；任隱而恒興，一體隨應。無假而幻相和合，無實而眞性湛然；無成而異質交輝，無壞而諸緣互絶。

**[구조]** 일어남으로 말미암아 소멸하고, 고요함으로 말미암아 생겨나며, 은밀함으로 말미암아 일어난다. 이는 상반되어 보이는

13) 가실이법假實二法 : 가법假法과 실법實法을 가리킨다. 법에 실체가 있으면 실법實法이라 한다. 실법의 집합·상속·부분·상대의 상에 세워져 실체가 없는 즉 가법假法이라 한다. 이를테면 오온五蘊은 실법이고 유정有情은 오온화합의 상에 세워지는 즉 가법이다. 대승의 《성유식론》 8권에서 삼성三性으로 정법定法의 가실假實을 말하면 변계소집遍計所執은 망상 위에 안립되는 까닭에 가假라고 말한다. 또한 체상體相이 없는 까닭에 가假도 아니고 실實도 아니다. 의타기성依他起性은 실實도 있고 가假도 있어 취집聚集·상속相續·분위성分位性인 까닭에 가유假有라고 하고 심心·심소心所·색色은 연緣(종자)에 의지해 생기는 까닭에 실유實有라 말한다. 또한 실법이 없다면 가법 또한 없으니, 가假는 실인實因에 의지해 시설하는 연고이다. 이로 말미암아 오직 원성실성圓成實性만이 실유實有이니, 다른 연에 의지하지 않고 시설하는 연고임을 알 수 있다. _《불광대사전》

일련의 개념으로 또한 본체와 현상이 상호작용하는 관계를 바로 설명한다. 오직 피차 서로 반대되고 서로 이루며 서로 보충함을 통하여야 비로소 전체를 성취할 수 있는 까닭에 고요함과 작용, 주체(能)와 대상(所)이 모두 하나이다.

**경계가 비록 나타날지라도 나타남도 성도 없고, 지혜가 비록 비출지라도 비춤도 공도 없으며,[14] 고요함과 작용이 다름이 아니고, 능能과 소所가 일제一際이다. 심상은 깨끗한 거울과 같아 모든 현상이 비추이나 형상을 뛰어넘을 수 없고, 심성은 맑은 하늘과 같아 여러 모양이 일어나나 본체를 여읠 수 없다. 그래서 상주하는 [여래]장을 위해 변통變通의 문을 지어서 맑고 굳게 뭉쳐 항상 우주만물이 화함(物化)을 따르니, 어지럽게 얽혀 일어날지라도 움직이지 않고 저절로 진여법계이다.**

境雖現而無現性、智雖照而無照功，寂用非差，能所一際。狀同淨鏡，萬像而不能越形；性若澄空，衆相而不能離體。爲常住藏，作變通門；湛爾堅凝，恒隨物化；紛然起作，不動眞如。[15]

---

14) "「그윽함을 살피지 않음이 없다(無幽不察)」. 실리實理는 깊고 그윽하지만 지혜로 살피지 않음이 없으니 대개 실지實智의 용用이다. 「그러나 비춤도 공도 없다(而無照功)」. 실체實體는 비춤이 없고, 권체權體는 공이 없다. 두 가지 용은 곧 체이고 체는 비춤도 공도 없다." _《주조론소注肇論疏》, 준식遵式

**[구조]** 연수대사께서는 「청정한 거울」로써 비유삼아 만상이 청정한 거울에 비출 때 어떤 형태든지 나타나지 않음이 없으며, 그래서 「경계가 비록 나타날지라도 나타남도 심성도 없다」 하시니, 이는 곧 경계가 나타남(현상)은 결코 원본의 청정한 거울(본체)을 장애하지 않음을 표명한다. 그래서 상주常住하는 가운데 변통變通이 있어 세상을 살아가는 태도에 그것을 적용하면 설사 얽히고설켜 가닥을 잡을 수 없는 일에 마주할지라도 또한 부동진여不動眞如의 경계를 영원히 유지할 수 있다. 오직 본체와 현상이 하나로 원융하여야 인생의 곤란한 국면을 뛰어넘을 수 있다. 이로써 "가히 미묘한 본체가 상주하여 신령한 광명이 기울어 가라앉지 않고, 지극히 높은 덕성이 아득히 두루하여 신령한 성품이 홀로 우뚝 서는" 심성의 최고 수양에 도달한다.

**남자 몸은 잠기고 여자 몸이 드러나며, 동방으로 들어가고 서방으로 일어난다. 지금 바로 존재해도 바로 사라지고, 말아 놓아도 항상 펼쳐지며, 두루 흘러도 에돌지 않고, 모두 두루해도 처소가 없다.**[16] **티끌 하나를 들어도 가없는 찰토를 나열하고,**

---

15) 일체제법이 모두 환과 같아 본성이 저절로 공하니 어찌 제거할 필요가 있으랴? 만약 심성이 형상이 아님을 안다면, 맑고 움직이지 않고 저절로 진여법계이리(一切諸法皆如幻, 本性自空那用除, 若識心性非形像, 湛然不動自眞如) _《오성론悟性論》, 달마대사

16) "「끊고 난 후에 머묾이 없는 경지에 들어간다」 함은 금강지의 해탈도에서 종자를 끊고 난 즉시 머묾 없는 묘각妙覺의 경지에 들어

**일념을 가리켜도 다함없이 고금을 수립한다. 일상一相[17]에 머물러도 오르지 않아 곧 청정이 염오를 따르고, 다섯 갈래를 달려도 떨어지지 않아 탁한 세상에 있어도 항상 청정하다.**

男身沒、女身彰，東方入、西方起。當存而正泯，在卷而恒舒，普注而不迂，俱遍而無在。擧一塵，列無邊刹土；指一念，樹無盡古今。居一相而非升，卽淨隨染；驟五趣而不墜，處濁恒淸。

**밖으로 보면 가득 차 나머지가 없고 안으로 보면 쌓여서 더 모을 것이 없으며, 눈에 부딪쳐도 볼 수 없고 귀에 가득해도 들을 수 없으며, 마음에 가득해도 알 수가 없고 두루 헤아려도 깨닫지 못하며, 본래 이루었으나 옛 것이 아니고 이제 나타나도 새로운 것이 아니며, 갈지 않아도 저절로 밝게 비추고 갈지 않아도 저절로 청정하다. 가히 미묘한 본체가 상주하여 신령한 광명이 기울어 가라앉지 않고, 지극히 높은 덕성이 아득히 두루하여 신령한 성품이 홀로 우뚝 선다고 말할 수 있다.**

---

갔다는 뜻이다. 이제二諦 바깥에서 홀로 무이無二에 있기 때문에 머묾이 없다(無住) 하셨다. 머묾이 없는 마음으로 진제와 속제 두 가지를 동시에 없앴기 때문에 속俗에서 나오든 진眞으로 들어가든 차이가 없다. 이미 출입이 없으므로 공空과 유有에 머물러 있지 않는다. 그래서 「마음의 처소가 없다」 하셨다." _《금강삼매경론》, 원효대사

17) 차별도 대립도 없는 절대 평등으로 진여와 같이 평등무차별한 모양을 말한다

外望無盈餘，內窺無積聚；觸目而不見，滿耳而不聞；盈懷而無知，遍量而非覺；本成而非故，今現而非新；不磨而自明，弗瑩而自淨。可謂妙體常住，靈光靡沈，至德遐周，神性獨立。

## 2. 유심과 관심

### 2-1 널리 모여 들어 만법의 왕이 된다

**온갖 미묘한 도리와 여러 영성이 널리 모여드니 만법 중의 왕이 되고, 삼승과 오성이 가만히 돌아가니 수천 성인의 어머니가 된다.[18] 홀로 높고 홀로 귀하여 비할 것도 짝할 것도 없으니, 실로 대도의 근원이요 진실한 법요이다. 종적이 깊어 정함이 없고, 물성에 맡겨서 바야흐로 원만하며, 미묘하게 응함에 온 곳이 없고 기틀과 정식情識을 따라 숨기고 드러낸다. 그러므로 근본은 말단을 내고 말단은 근본을 드러내니 본체와 작용이 서로 일으키고, 진제는 속제를 이루고 속제는 진제를 세우니 범부와 성인이 서로 비추며, 이것이 저것을 드러내고 저것이**

18) "늘 여러 부처님의 스승이 되어서 온갖 미묘함을 머금을 수 있고, 늘 여러 성현의 어머니가 되어서 가히 깊고 깊다 할 수 있다. 영성에 다름이 있으나, 모두 통하여 하나가 아니다. 천 갈래 길이 모두 이(마음)를 향해 생기고, 삼라만상이 모두 이로부터 나온다(常爲諸佛之師，能含衆妙；恒作群賢之母，可謂幽玄。靈性有殊，該通匪一，千途盡向於彼生，萬象皆從於此出)." _《주심부註心賦》, 영명연수 대사

**이것을 가르니 주인과 손님이 함께 깨달으며, 중생이 부처를 이루고 부처가 중생을 제도하니 인지와 과지가 서로 사무친다. 경계에 자성이 없어 저 부처가 자기 심성을 이루고, 마음에 자성이 없어 자기 심성이 저 부처를 이루며, 이理를 성취하지 않아도 하나가 곧 여럿이고, 사事를 성취하지 않아도 여럿이 곧 하나이다.**[19][20]

衆妙群靈而普會，爲萬法之王；三乘五性而冥歸，作千聖之母。獨尊獨貴、無比無儔，實大道源，是眞法要。玄蹤不定，任物性以方圓；妙應無從，逐機情而隱顯。是以本生末而末表本，體用互興；眞成俗而俗立眞，凡聖交映；此顯彼而彼分此，主伴齊參；生成佛而佛度生，因果相徹。境無自性而他成自，心無自性而自成他；理不成就而一卽多，事不成就而多卽一。

---

19) “《화엄경》에 이르시길, 이와같이 자성은 환 같고 요술 같으며, 그림자 같고 형상 같아 모두 성취하지 못한다. 진여의 성은 본래 저절로 원만히 이루나, 반연에 따라 유전하는 까닭에 이理를 성취하지 못한다. 그것에 의지해 뒤를 좇아 이어 헤아리니, 곧 자성이 없는 까닭에 사事를 성취하지 못한다. 사事와 이理를 모두 성취하지 못하고, 이장理障과 사장事障에 걸려도 시달리지 않으면 모두 사라지고, 사리事理의 장애가 사라진다.” _《자백존자전집紫柏尊者全集》

20) “걸림없이 원융하여 하나와 여럿이 서로 섞인다(融通無碍一多交參).” 융통은 원융통달이다. 세존께서는 《화엄경》에서 열 가지 무애를 간략히 드신다. 하나는 곧 여럿이고 여럿은 곧 하나이다. 당신은 하나에서 여럿을 보고 여럿에서 하나를 보게 된다. 여럿은 무엇인가? 사상事相이다. 하나는 무엇인가? 하나는 자성이고 법성이 하나이다. 숨기고 드러냄(隱顯)에서 숨기면 하나이고, 드러내면 여럿으로 천차만별이다.” _《수화엄오지망진환원관修華嚴奧旨妄盡還源觀》 강기, 정공법사

**[구조]** 현상의 일체 사물을 어떻게 대하는지가 곧 결정코 전체 불법이 관조觀照하는 태도이다. 불법은 인연을 잘 관함으로써 일체 현상에는 모두 자성이 없다고 논증하고 그래서 「공空」하다고 말한다. 집착을 제거할 수 있으면 「공」의 경계에 들어갈 수 있다. 현상세계는 진실로 눈앞에 있다. 오직 관조하는 지혜를 통해서 비로소 현상에 처하면서 이를 뛰어넘을 수 있다. 그러므로 「마음」이 어떻게 세상에 응하는지가 곧 중요한 관건이 된다. 연수대사께서는 「마음」을 만법의 왕으로 삼는다. 널리 모여 지혜의 관조하에 근본과 말단 · 본체와 작용 · 진제와 속제 · 범부와 성인 · 이것과 저것 · 주인과 손님 · 중생과 부처 · 인지와 과지 등은 모두 서로 일으키고 서로 드러냄으로써 서로 이룬다. 이 「마음」은 만법의 왕으로 삼승과 오성三乘五性[21]의 최종 귀의처일 뿐만 아니라 「홀로 높고 홀로 귀하며」, 또한 「견줄 것이 없고 짝할 것이 없다.」 바로 이 마음은 「홀로(獨)」 드러나고 서로 비교하여 상술할 수

---

21) 법상종에서는 일체중생의 근기 부류를 오성으로 나누어, 성불하는지 성불하지 못하는지를 결정한다. 첫째 정성성문定性聲聞으로 아라한과를 열 수 있는 무루종자無漏種子가 있는 자이다. 둘째 정성연각定性緣覺으로 벽지불과를 열 수 있는 무루종자가 있는 자이다. 셋째 정성보살定性菩薩로 불과를 열 수 있는 무루종자가 있는 자이다. 넷째 부정성不定性으로 2종 3종 무루종자가 있는 자이다. 이 가운데 네 가지가 있으니, 1) 보살성문부정으로 불과와 아라한과의 두 종자가 있는 자이다. 2) 보살연각부정으로 불과와 벽지불의 두 종자가 있는 자이다. 3) 성문연각부정으로 아라한과와 벽지불의 두 종자가 있는 자이다. 4) 성문연각보살부정으로 나한과와 벽지불과 불과의 세 종자가 있는 자이다. 다섯째 무성無性으로 삼승의 무루종자가 없고, 인천과가 열리는 유루종자만 있는 자이다. _《불학대사전》

없는 까닭에 「유唯」, 오직 이 마음일 뿐 · 유심이라고 한다.

**상相은 비록 허망할지라도 항상 가만히 일체가 되고 성性은 비록 실일지라도 항상 수많은 인연에 있으며, 비록 드러나 있되 정식情識으로써 구하기 어렵고 초절超絶에 맡기되 대용大用을 방해하지 않는다. 종횡으로 환 같은 경계는 하나의 성품에 있으면서 진성에 융화하며, 적멸영공寂滅靈空은 삼라만상에 기대어 상을 드러낸다.**[22]

相雖虛而恒冥一體，性雖實而常在萬緣；雖顯露而難以情求，任超絕而無妨大用。縱橫幻境，在一性而融眞；寂滅靈空，寄森羅而顯相。

22) 「종횡으로 환 같은 경계는 하나의 성품에 있으면서 진여에 융화하며, 적멸영공寂滅靈空은 삼라만상에 기대어 상을 드러낸다.」《화엄경》의 게송에서 이르시길, "비유컨대 일심의 힘이 갖가지 마음을 낼 수 있듯이 일불의 몸도 이와 같아서 일체 불을 널리 나타내네." 라고 했다. _《종경록》 제29권
"만약 미진세계로써 관하면 눈에 가득 육진경계 삼라만상이 무성하고, 만약 비미진세계로써 관하면 일도 한줄기 헛간에 진공이 아득하고 고요하다. 이른바 적멸영허寂滅靈虛는 삼라만상에 기대어 상을 드러낸다. 「종횡으로 환 같은 경계는 하나의 성품에 있으면서 진성에 융화한다.」 그래서 푸르디푸른 대나무는 모두 진여이고, 울울한 노란 꽃은 반야 아님이 없다. 산하 및 대지는 전부 법왕의 몸을 드러낸다. 법신을 보려면 모름지기 금강장안金剛正眼을 비로소 얻는다. 그래서 「세계는 세계가 아니고 이름이 세계이다」 하셨다." _《금강결의金剛決疑》, 감산대사

**제諦와 지智[23]를 서로 발하고 염染과 정淨을 다시 훈습하며, 유력과 무력에 따르되 출몰함에 한결같지 않고 연을 좇고 연을 이루어 흩어지되 말고 펼침에 정해짐이 없으며, 서로 거두면**

---

23) 인因에는 두 가지 인이 있으니, 하나는 경계인境界因이고 둘은 연인緣因이다. 연인은 곧 이지二智이고, 경계인은 곧 이제二諦이다. 이제二諦 이지二智는 불성을 근본으로 삼는다. 두 가지가 있으니, 하나는 인본因本이고 둘은 본인本因이다. 인본因本은 곧 정인불성正因佛性으로 두 가지 인의 본本이다. 본인本因은 경계인境界因이 연인緣因을 일으키는 것이다. 연인은 바로 이지二智이고 경계인은 이제二諦인 까닭에 이제이지二諦二智는 두 가지 인을 본으로 삼는다. 그래서 본을 찾는다 함은 체지諦智의 본이다. 불성에 근본하면 이제이지二諦二智를 얻는다. 이제이지二諦二智를 요달하면 불성을 얻는다. 그러나 옛날 가르침은 아직 드러나지 않은 까닭에 다섯 가지 불성을 밝히지 않았다. 지금 가르침은 이미 드러난 까닭에 다섯 가지 불성을 밝힌다. 그래서 비로소 그 본을 말한다. 이제이지二諦二智를 밝힘은 본래 두 가지 인을 본으로 삼는다. 그러므로 경지境智는 모두 그 본이 있다. 저절로 용명본用明本이 있고, 저절로 체명본體明本이 있다. 이제二諦는 경계인을 본으로 삼고, 이지二智는 연인을 본으로 삼는다. 이는 용용본用明本이다. 두 가지 인은 정인불성을 본으로 삼는다. 이는 체명본體明本이다. 정인正因은 비인비과非因非果를 본으로 삼는다. 이것이 곧 반야이다. 공空에는 이제이지二諦二智가 있어 불성을 근본으로 삼는 까닭에 두 가지 인은 경지본境智本이다. 두 가지 용이 서로 인이자 곧 서로 본이 된다. 지금 불성을 체지본諦智本으로 삼는다. 체지諦智가 본이 됨을 깨달으면 불성을 밝히는 까닭에 이제이지二諦二智를 밝혀 불성을 연다. 불성을 밝혀 이제이지二諦二智를 여는 까닭에 본이라 말한다. 그래서 본을 찾음은 이제이지체二諦二智體라고 말한다. 그래서 《대경》에 이르시길, "말한바 공불견공空不見空이 불공不空을 일으키고 불견불공不見不空인 까닭에 중도를 행하지 않는다. 이미 중도를 행하지 않는 까닭에 불성을 보지 않는다." 하셨다. 이미 불성을 보지 않은 까닭에 또한 응당 이제이지二諦二智를 보지 않는다고 말한다. _《무의무득대승사론현의기無依無得大乘四論玄義記》

**미세한 티끌도 나타나지 않고 서로 도우면 만 가지 경계가 함께 생긴다.**

諦智相發、染淨更熏，隨有力無力而出沒無恒、逐緣成緣散而卷舒不定，相攝則纖塵不現、相資則萬境俱生。

**올 때는 달빛 물에 문득 드러남 같고 갈 때는 환 같은 구름이 홀연 흩어짐 같으며, 움직임과 고요함에 걸림이 없고 허공을 거닐다 들어가 원융하며, 서로 뺏고 서로 두어 영통하여 변화막측하고 벗어나지도 그대로 있지도 않아 미묘한 심성은 방소가 없다. 지혜의 바다가 출렁이니 감싸고 받아들여서 미세한 겨자씨 하나도 잃지 않고, 신령한 구슬 밝게 빛나니 비춤이 임하여서 미세한 털 한 올도 드러나지 않음이 없다. 진금이 다른 그릇 따라 형상을 나누나 천차만별이라도 걸림이 없는 것과 같고, 맑은 물에 여러 물결이 일렁이며 상을 드러내어도 일체에 이지러짐이 없는 것과 같다. 모두 옳고 모두 그르며 또한 삿되고 또한 바르다. 있지 않지만 있음을 보여서 아득히 꿈 속에 있는 것 같으며, 이룸이 없으나 이룬 것과 비슷하여 홀홀히 환에 머물러 있는 것 같다. 공의 근원에 의지해 일어났다 다함에 법법마다 지知가 없으며, 변화하는 바다를 따라 일어났다 스러짐에 연연마다 기다림이 단절되었다.**

來如水月之頓呈、去若幻雲之忽散，動寂無碍，涉入虛融；互奪互存，靈通莫測；不出不在，妙性無方。智海滔滔，包納而無遺纖芥；靈珠璨璨，照臨而不顯微毫。若眞金隨異器以分形，千差不碍；如湛水騰群波而顯相，一體無虧。俱是俱非，亦邪亦正。不有而示有，杳若夢存；無成而似成，倏如幻住。依空源而起盡，法法無知；隨化海以興亡，緣緣絶待。

**이러므로 오악산이 우뚝 솟아도 높다 할 수 없고 사해바다가 넓고 아득해도 깊다 할 수 없으며, 삼독·사도四倒[24]에 빠져도 범부가 아니고 팔해탈·육신통[25]을 증득해도 성인이 아니니, 모두 진여의 적멸지에 머무르고 전부 무생불이의 문에 들어간다. 대해탈 가운데 베푸니 겁겁이 다함이 없고, 부사의문에서**

---

24) "무명번뇌로부터 삼독三毒과 사도四倒가 파생된다. 삼독은 탐진치이고 사독은 상락아정을 가리킨다. 탐진치는 일체번뇌의 근본이다. 사독은 상락아정에 집착하는 것이다. 그러나 비록 「상·락·아·정」에 집착하여 전도되었다 말할지라도 이는 「무상·고·무아·부정」을 반드시 지녀야 바르다는 말과 동등하지 않다." _《중관론송직료中觀論頌直了》, 과욱果煜스님

25) "「삼신三身·사지四智는 본체 가운데 원만하고 팔해탈八解脫육신통六神通은 심지의 인印이로다.」 팔해탈은 진여해탈眞如解脫의 경계를 여덟가지로 분류한 것인데 각각 다른 무엇이 있는 것이 아니라 진여의 대용大用인 줄 알면 됩니다. 육신통이란 천안통·천이통·신족통·숙명통·타심통·누진통을 말합니다. 삼신·사지와 팔해탈·육신통이 구족한, 값할 수 없이 귀한 마니주가 사람사람에게 다 있어서 삼세의 모든 부처님과 역대의 조사들이 모두 다 개발하여 다함이 없이 썼는데도, 이것을 믿지 않고 거짓말이라고 의심하다가는 영원토록 성불하지 못하고 미래 겁이 다하도록 중생 그대로 남게 됩니다." _《증도가證道歌 강설》, 성철스님

**현현하니 가없이 넓어 궁진하기 어렵나니, 어찌 그 처음과 끝을 세우고 그 방위와 지역을 정할 수 있으며, 어찌 반드시 진여본성을 우러러 받들고 망상을 파척하며 다름을 싫어하고 같음을 기뻐하며, 환화의 몸을 무너뜨리고 아지랑이 같은 식識을 의단擬斷하려고 하는가.**

是以五岳穹崇而不峻，四溟浩渺而不深，三毒四倒而非凡，八解六通而非聖；悉住眞如寂滅之地，盡入無生不二之門。施爲大解脫中，重重無盡；顯現不思議內，浩浩難窮。豈可立其始終、定其方域，何必崇眞斥妄、厭異欣同，欲壞幻化之身、擬斷陽焰之識。

2-2 만법은 사람으로 말미암아 오직 정관正觀에 있다

유심으로 말미암아 만법에 계입契入하여 모두 원통하면 현상계의 일체사물을 관조하여 스스로 진망眞妄의 구별과 염흔厭欣의 거량이 있을 리 없으니, 연수대사께서는 이를 「정관正觀」이라 하였다. 「정관」에 의지해 스스로 속견俗見의 경계와 같지 않음을 깨달을 수 있다.

**생각마다 석가모니부처님께서 출생하시고 걸음마다 미륵부처님께서 하생하심을 모른 채 분별함에 문수보살의 마음을 나타내고 움직이고 그침에 보현보살의 행을 운영하며, 문마다 모두**

감로를 열고 맛마다 순전히 제호醍醐이며, 보리의 숲을 벗어나지 않고 연화의 곳간에 오래 거처하며, 밝고 밝아서 통과하지 못할 티끌이 없고 밝고 밝아서 광명이 사방에 가득해 눈을 뜰 수가 없으니, 어찌 수고로이 묘한 변재를 두루 드날리고 누가 신통을 나타내 보임을 기다리겠는가? 움직이고 그침에 항상 만나고 밝고 어두움에 떠나며, 옛적에 번성하다가 지금 쇠함이 아니거늘 어찌 어리석음이 사라지고서 지혜가 드러나겠는가? 말을 하거나 묵연하거나 언제나 합하고 처음이나 끝이나 가만히 통하거늘 초조初祖는 어찌하여 서쪽에서 올 필요가 있고 칠불七佛은 언제 세상에 나오셨는가?

不知念念釋迦出世、步步彌勒下生，分別現文殊之心、動止運普賢之行，門門而皆開甘露、味味而純是醍醐，不出菩提之林、長處蓮華之藏，晃晃而無塵不透、昭昭而溢目騰光，豈勞妙辯之敷揚，誰待神通之顯示。動止常遇、明暗不離，非古盛而今衰、豈愚亡而智現？語默常合，終始冥通，初祖豈用西來，七佛何嘗出世？

이러므로 마음이 공이면 천지는 텅 비고 고요하며 마음이 유이면 국토는 험하고 깊으며, 생각이 일어나면 산악이 흔들리고 생각이 묵연하면 강물이 평온하며, (마음의) 기틀이 고준하면 말마다 진실한 지혜가 또렷이 드러나고 (마음속) 뜻이 사무치면

**생각마다 진실한 지혜가 깊고 그윽하며, (마음의) 그릇이 넓어 법마다 두루 원만하고 (마음의) 크기가 커서 티끌마다 끝이 없다. 심의식의 대지가 청정하면 세계가 청정하고 마음 물이 혼탁하면 경계의 형상이 어두우니, 하나를 들어 전부 갖추어 섭수하고, (마음이) 평탄 평등하고 완연히 구족함은 오직 정관正觀에 있다. 만법은 본래 다만 사람으로 말미암고, 진여는 저절로 온갖 덕을 머금고 있다. 그래서 무념이되 수공殊功을 다 갖추고, 무작이되 묘행妙行이 모두 원만하며, 운용하지 않되 영지靈知를 이루어, 법 그대로 구족하고 있어 구함이 없어도 저절로 얻나니, 미묘한 성품이 천진함을 비로소 안다.**

是以心空則天地虛寂，心有則國土崢嶸；念起則山岳動搖，念默則江河寧謐；機峻而言言了義，志徹而念念虛玄；器廣而法法周圓，量大而塵塵無際。意地淸而世界淨、心水濁而境像昏，擧一全該，坦然平等，宛爾具足，唯在正觀。萬法本只由人，眞如自含衆德；無念而殊功悉備，無作而妙行皆圓。不運而成靈智，法爾無求自得，妙性天眞方知。

**[구조]** 정관正觀에 의지하면 「말을 하거나 묵연하거나 언제나 합하고 처음이나 끝이나 가만히 통」할 수 있으니, 보이는 일체는 서로 합하고 서로 통하지 않은 것이 하나도 없고, 거처하는 땅은 보리의 숲 · 연화의 곳간이 아닌 곳이 한 곳도 없으며, 연설하는 법은 감로의 법문 · 제호의 맛이 아님이 없다. 연수대사께서는

「심心」·「념念」으로써 보이는 현상·사물의 상황이 실제로는 곧 우리의 마음을 일으키고 생각을 움직임에서 나온다고 천명하신다. 마음이 공하고 생각이 묵연하면 천지와 강물은 또한 한 덩어리 텅 비고 평온한 것이며, 이에 반해 마음이 유이고 생각이 일어나면 국토와 산악은 험하고 흔들림을 드러낸다. 「마음」은 가장 주요한 관건으로 그것이 혹 「기틀이 고준하고」, 혹 「뜻이 사무치며」, 혹 「그릇이 넓고」, 혹 「크기가 커서」, 펼쳐져 나타난 바의 법계 또한 장차 이를 따라 다르다. 「심의식의 대지가 청정할」 때면 저절로 「세계가 청정하고」, 이에 반해 「마음 물이 혼탁하면」 「경계의 형상이 어둡다.」 연수대사께서는 「심념心念」으로써 예를 들어 논하는데, 주로 「만법은 사람으로 말미암고」, 일체 관건은 오직 「정관」에 있을 뿐이라고 강조하신다. 또 사람마다 본래 「진여」(심)을 갖추고 있다고 제시하고, 이로써 다시 일보 나아가 「진여」는 본래 「저절로 온갖 덕을 머금고 있고」, 그래서 무념無念·무작無作·불운不運·무구無求가 바로 정관의 도이고, 수공殊功·묘행妙行·영지靈智는 모두 조작할 필요 없이 얻나니 「미묘한 성품이 천진함을 비로소 안다」[26]고 천명하신다!

「마음」은 일단 「혼탁」하면 곧 무명이 있고 잡염雜染이 있어

26) "오랜 세월이 가면 저절로 천진묘성에 계합되고, 공적영지(寂知)에 임운任運하여 생각마다 일체경계에 반연하고 마음마다 모든 번뇌를 영원히 끊어버리되 자성을 여의지 않고 선정과 지혜를 평등하게 지녀 무상보리를 성취하고 앞에 말한 근기가 수승한 사람과 차별이 없다." _《수심결修心訣》, 지눌선사

생겨난 「경계의 형상」은 곧 「혼昏」매昧하여 밝지 않다. 분명컨대, 연수대사께서 제시한 심성을 관함은 「마음」이 「바르기(正)」만하면 「관觀」의 대상인 법은 비로소 진정으로 「평탄 · 평등」할 수 있음을 강조한다. 바로 「관심觀心」의 행지行持가 「정관正觀」에 있기 때문이다. 「정관」의 법은 필연코 치우침이 없고 집착이 없다. 어떠한 법의 집견執見도 모두 연수대사께서 파척하는 대상이 된다. 그는 「법성에 융통함으로써 하나의 뜻으로 화회시킴」이 관심법의 행지가 정관 중에 있다고 강조한다. 사람에게 상하로 구별되는 마음이 생기는 까닭은 그 이치가 「거울에 비친 형상을 관하며 아름다움과 추함의 마음을 나눔」에 있다. 「아름다움과 추함」의 나눔은 「거울에 비친 형상을 관하는」 당하當下에 반연한다. 심식에 좋아하고 싫어함의 구별이 생기는 이러한 때에 마음은 이미 거울에 비친 형상의 장애를 받아 혼탁해지는 까닭에 중도에 들어갈 수 없다.

**이지理智는 원융하고 대도는 바깥 경계가 없으며, 티끌 하나마저 끊고 홀로 섰거늘 어찌 뭇 상이 어지럽게 널려 있겠는가.**[27] **이런즉 어떤 소리에서든 전부 들을 수 있고 보이는 것 밖에**

---

27) "진심은 사려를 여의었고 근원을 궁진하여 어떠한 곳에도 있지 않나니, 다만 영지라고 하나 앎 또한 앎이 아니라네. 일찍이 눈 앞에 만 가지 모습이 어지럽게 널려 있었으나, 이제 눈앞에 일체가 고요할 뿐이라네(眞心絶慮 窮元無處 但云靈知 知亦非知 曾於目前 萬狀擬然 今於目前 一切寂然)." _《스스로 기뻐하는 노래(自慶吟)》, 함허 득통선사

따로 법이 없거늘 어찌 천지현황에 미혹되고 어떤 음향에 빠져들 수 있겠는가. 마치 푸른 바다의 맛에 온갖 냇물이 섞여있는 듯 하고, 수미산의 빛깔에 여러 새들 무리가 삼켜지는 듯 하며, 이름 하나라도 여래의 명호를 전파하지 않음이 없고 물건 하나라도 비로자나부처님의 형상을 드날리지 않음이 없다. 바위 나무와 정원 잔디는 각자 가없는 묘상을 뽑아내고, 원숭이 울음소리와 새들의 시끄러운 지저귐은 모두 불이不二의 원음圓音을 이야기한다.

理智圓融，大道無外，絶一塵而獨立，何衆相以摐然。是則聲處全聞，見外無法，豈玄黃之所惑，匪音響之能淪。如滄海之味混百川，猶須彌之色呑群鳥，無一名不播如來之號，無一物不闡遮那之形。巖樹庭莎，各挺無邊之妙相；猿吟鳥噪，皆談不二之圓音。

어리석음과 애착도 해탈의 진원을 이루고 탐욕과 성냄도 보리의 대용을 운영하며, 망상을 일으킴에 열반이 나타나고 번뇌를 일으킴에 불도를 이룬다. 본체로부터 베풂에 보신 화신은 아직 적멸에 들지 않았고 인연따라 현현함에 법신이 두루하지 않은 곳이 없다.

癡愛成解脫眞源，貪瞋運菩提大用；妄想興而涅槃現，塵勞起而佛道成。從體施爲，報化而未嘗不寂；隨緣顯現，法身而無處不周。

**실로 교법의 귀의처이자 성현의 품수처이고, 여러 중생의 실제이자 만물의 근본연유이며, 바른 교화의 대강이자 출세의 본의이고, 삼승의 바른 수레 길이자 도에 드는 중요한 길목의 나루이며, 반야의 신령한 근원이자 열반의 굴택이다.**

實教法之所歸，聖賢之稟受，群生之實際，萬物之根由，正化之大綱，出世之本意，三乘之正轍，入道之要津，般若之靈源，涅槃之窟宅。

**대저 미묘한 이치 깊고 아득히 멀며 크나큰 뜻 들리지 않고 보이지 않거늘 광혜狂慧는 부질없이 정신만 고달프게 하고 치선癡禪은 다만 얽매임만 지킬 수 있다.**[28)]

蓋以妙理玄邈，大旨希夷，狂慧而徒自勞神，癡禪而但能守縛。

**진실로 언사의 길이 끊어지고 분별의 뜻이 궁진하며, 식識과**

28) 광혜狂慧는 혜만 닦고 정定을 닦지 아니한 지혜로 산란한 지혜라는 뜻이다. 정력定力을 쌓지 아니한 지혜는 마치 바람이 부는데 등불을 켜는 것과 같아서 바람에 나부끼어 물건을 잘 비추기가 어렵다. 치선痴禪은 묵묵히 다만 앉아 있기만 할 뿐, 아무런 깨달음을 얻지 못하는 선禪이다. 이런 선은 백년을 해도 진리를 깨칠 수 없다.

지智29) 어디에도 얽매이지 않고 정신이 맑아 비춰볼 수 있으며, 공空과 유有에 짝지어 트이고 근根과 진塵이 막힘없이 열린다. 마치 맑은 하늘을 바라보듯이 밝은 햇살이 비추듯이 한 법문도 나타나지 않음이 없고 하나의 지극한 이치도 밝지 않음이 없으니, 어찌 표정을 움직여 봄 못에서 진보眞寶를 가만히 찾겠는가. 애써 마음을 쓰지 않아도 적수赤水에서 저절로 검은 구슬을 얻는다.30) 항하사 세계를 눈앞에서 관하고 대천세계를 몸과 바깥경계에서 가리키며, 여러 중생을 손아귀에 거두고 수많은 동류를 가슴 속에 받아들인다. 공덕을 하나 베풀지 않아도 능엄楞嚴의 대정大定을 성취하고 자구를 하나 펼쳐보지 않아도 보안普眼의 진경眞經을 두루 열람한다. 사구四句의 뜻이 단박에 융화되고 백비百非의 길이 아득히 끊어지니 가로로 삼제三際에 사무치고 세로로 시방세계에 뻗치며, 일총지一總持라 하고 대자재大自在라 일컫는다.

實謂言思路絶，分別意窮，識智翛然，神淸可鑑，空有雙豁，根塵洞開。如窺淨天、似臨皎日，無一法門而不現，無一至理而不明。豈動神情，春池而穩探眞寶；匪勞心力，赤水而自獲玄

29) "식識은 분별이 있는 생멸심이니 곧 삼계윤회의 근본이요, 지智는 분별이 없는 생멸이 아닌 마음이니 곧 세상을 초월하여 성불하는 도이다." _《식지설識智說》, 긍선亘璇스님

30) "황제가 적수赤水의 북쪽에서 노닐다가 곤륜산에 올라 남쪽을 바라보고, 돌아오다가 검은 구슬(무위자연의 도)을 잃어버렸다." _《장자 외편外篇》

珠。觀沙界於目前，指大千於身際，收群生於掌握，納萬彙於胸襟。不施一功，成就楞嚴之大定；不披一字，遍覽普眼之眞經。四句之義頓融，百非之路杳絶；竪徹三際，橫亘十方，爲一總持，號大自在。

신령한 광명이 밝게 빛나고 위신의 덕이 드높으니, 니건자의 혼백도 소멸하고 파순의 간담도 부서지며, 번뇌의 도적을 우수수 무너뜨리고 생사의 군대를 시원하게 바람에 날려 버리며, 애욕의 강물을 잠잠이 맑게 하고 아만의 산을 무너뜨리며, 물 바깥에 소요하고 얻음도 구함도 없으며, 편안히 마음을 비우고 드넓게 근심을 끊어버리며 허공도 그 높고 넓음을 사양하고 일월도 그 광명을 부끄러워한다.

神光赫赫，威德巍巍；尼乾魄消、波旬膽碎，煩惱賊颯然墮壞、生死軍豁爾飄颺，愛河廓淸、慢山崩倒，逍遙物外、無得無求，憺怕虛懷、曠然絶累，虛空讓其高廣、日月慚其光明。

그런 후에 곧 권權과 실實에 짝지어 노닐고 자비와 지혜를 함께 운용하며, 환 같은 세상을 건지고 공 같은 중생을 제도하며, 유有에 거닐되 무無에 거스르지 않고 진제에 밟되 속제에 걸리지 않으며, 하늘과 땅이 덮고 싣는 것과 같고 일월이 서로 기다리는 것과 같다. 성인(의 과위)을 보이고 범부(의 일)를 나타내며 삶에

**벗어나고 죽음에 들며,**[31] **실상의 인印을 지니고 대법의 깃발을 세운다.**

然後則權實雙游、悲智齊運，拯世若幻、度生同空，涉有而不乖無、履眞而不碍俗，若乾坤之覆載、猶日月之相須。示聖現凡，出生入死，持實相印，建大法幢。

**한 가지 광명이 되고 만 갈래 길 나루터가 되며, 차가운 재를 불붙게 하고 그을린 종자를 거듭 싱싱하게 하며, 길이 고통바다를 벗어나는 빠른 배가 되고 언제나 길을 잃고 방황하는 이를 인도하는 길잡이가 된다. 차遮와 조照**[32]**에 임운(任運 ; 순응하고 맡김)하여 지智를 따라 말고 펼치며, 비록 지知가 없으나 만법에 원통하고 비록 견見이 없으나 일체가 밝게 나타나니, 다만 이 같은 뜻에 계합하기만 하면 자체는 본래 스스로 그러하다.**[33]

---

31) "만약 진실로 온갖 것이 나에게 있다 함을 깨달아 알면 오르고 잠기며 가고 머무는 것을 인연 따라 마음대로 하며, 성인(의 과위)을 보이고 범부(의 일)를 나타내며 삶을 벗어나고 죽음에 든다(若諦了之一切在我。昇沈去住任意隨緣。示聖現凡出生入死)." _《종경록》 9권

32) "차遮는 집착하지 않는다는 뜻이다. 조照는 경계를 비추어 형상을 나타낸다는 뜻이다." _《만선동귀집 강의》, 석성범스님

33) "자연自然이 아님을 해석한 것이다. 진실하게 이름은 곧 「스스로 주하는 삼마지 중에는」 등의 글이다. 자연은 자체가 본래 그러함(自體本然)을 말한 것이니, 자체가 본래 그러하다면 경계의 변화에 따르지 아니하거늘, 지금 모두 변화를 따르니 자연自然이 아니다." _《수능엄경요해首楞嚴經要解》, 계환

作一種之光明、爲萬途之津濟，能令寒灰再焰、焦種重榮，永爲苦海之迅航、常作迷途之明導。任運遮照、隨智卷舒，雖無知而萬法圓通、雖無見而一切明現，但契斯旨，體本自然。

**여러 싹이 봄을 만나고 만물이 땅 얻은 것 같아 십신十身[34]이 단박에 나타나고 사지四智[35]가 무성하게 일어난다. 여의당如意**

34) "불보살의 열 가지 몸을 가리킨다. 삼세간의 십신을 융화하면 화엄종의 이른바 해경십불解境十佛이다. 십지十地 보살에서 제8 부동지 보살은 여러 중생심이 즐기는 바를 아는 즉 중생신衆生身·국토신國土身·업보신業報身·성문신聲聞身·독각신獨覺身·보살신菩薩身·여래신如來身·지신智身·법신法身·허공신虛空身으로써 자신이 된다. 둘째 국토신은 기세간器世間이고 첫째 중생신과 셋째 업보신 내지 여덟째 보살신은 유정세간有情世間이다. 일곱째 여래신 내지 열째 허공신은 정각세간正覺世間이다. 곧 이 십신이 삼세간의 제법을 융섭하고 다시 십신 및 자신으로써 서로 번갈아 되어 걸림없이 융통한 까닭에 융삼세간십신融三世間十身이라 부른다." _《불광대사전》

35) "법상유식法相唯識에서는 네 가지 지혜를 말하는데, 그 네 가지 지혜란 성소작지成所作智·묘관찰지妙觀察智·평등성지平等性智·대원경지大圓鏡智로 우리는 이것을 사지보리四智菩提를 짓는다고 한다. 보리는 깨달음을 뜻한다. 이 네 가지 깨달음, 사지보리는 미혹한 마음을 지닌 범부에 대해 말한 것으로 범부는 미혹하여 자성을 잃어서 자성이 전변轉變하여 8식識이 되었기 때문이다."《무량수경심요》(비움과소통) 여기서 대원경지는 일체를 있는 그대로 아는 지혜로 청정한 거울에 비유되는 것이다. 이는 제8 아뢰야식이 바뀌어서 얻어지는 지혜이다. 평등성지는 일체제법이 천차만별이나 진실로는 모두 평등성을 가지고 있다고 아는 지혜이다. 이는 제7 말나식이 바뀌어서 얻어지는 지혜이다. 묘관찰지는 제법이 평등 속에 차별이 있어서 각각 나름대로의 가치가 있는 것을 아는 지혜이다. 이것은 제6 의식이 바뀌어서 나타나는 지혜이다. 성소작지는 짓는 바 행위를 모두 성취시키는 지혜이다. 이것은 인식작용이 바뀌어서 나타나는 지혜이다.

**幢 같고 대보취大寶聚 같아 법재法財가 풍족하고 넘치거늘 중생을 이롭게 함에 어찌 궁진함이 있겠는가. 그래서 공덕의 숲이라 하고 무진의 보장寶藏이라 하나니, 어찌 아침에 햇빛이 비추지 않고 밤에 횃불이 밝지 않는 때가 있겠는가?**

如群萌值春、萬物得地，十身頓現、四智欝興。猶如意幢，若大寶聚，法財豐溢，利物何窮；故號功德之林，乃稱無盡之藏。豈有朝曦而不照，夜炬而不明者哉？

**어찌하여 한정된 마음으로 분제의 견상을 일으켜서[36] 태허의**

36) "일체경계가 본래 일심으로 상념을 여의었건만, 중생이 망녕되이 경계를 보는 까닭에 (마음에) 분제分齊가 있고, 망견이 상념을 일으켜 법성에 계합하지 못하는 까닭에 능히 결정코 요지할 수 없다! 제불여래께서는 견상見想을 여의어 두루하지 못한 곳이 없으시고, 마음이 진실한 까닭에 바로 제법의 자성이고, (심)자체는 일체망법을 드러내고 비추며, 대지용大智用이 있어 무량방편으로써 여러 중생이 바라는 바에 따라 이해할 수 있도록 모두 갖가지 법의를 열어 보이실 수 있나니, 이런 까닭에 이름하여 일체종지라 한다."
앞에서 진여자체상眞如自體相에 있을 때 "만약 마음이 견을 일으키면 불견의 상도 있으나 심성이 견을 여의면 곧 법계를 두루 비추는 뜻인 까닭이다."이라고 말한 적이 있다. 비록 경계가 무변일지라도 이 「일체경계」는 자체가 「본래」 바로 「일심」으로 진여심은 「상념을 여읜다.」 그것은 전도된 상념을 여의지만 일체경계를 결코 여읜 것이 아니라 다름이 있다. 단지 「중생의 망견」에 「경계」상이 있음으로 말미암아 그래서 「마음에 분제(한계)가 있다」. 이렇게 「망견이 상념을 일으켜」 분제상이 없는 「법성에 계합하지 못하는 까닭에 (일체경계를) 깨달을 수 없다」 일체경계는 곧 법성으로 둘이 없고 다름이 없지만, 중생은 이로써 경계를 보니 곧 경계 중에 떨어져 능이 있고 소가 있으며 이것이 있고 저것이 있어 심량이 국한

**넓이를 제한하고 법계의 변방경계를 한정하여, 마침내 분별하는 정식情識으로 하여금 온갖 티끌 경계를 넘어서지 못하게 하여, 진여의 경계 위를 향해 심기心機를 고동치게 하고 적멸의 바다에서 식識의 물결을 용솟음치게 하며, 대롱을 통해 보이고 벽 틈을 통해 비치는 좁은 식견으로 능소의 지견을 세우고 승열의 이해를 일으키며, 글을 취하여 뜻(旨)을 정하고 말을**

---

된다. 칭稱은 계합契合의 뜻이다. 옷이 크지도 않고 적지도 않으면 몸에 딱 맞는 것과 같다. 마음은 법성량과 동등할 수 없어 계합하지 않는다고 말한다. 이는 중생이 일체법을 두루 알 수 없는 이유를 설명한다.

「제불여래께서는 견상을 여의어」, 즉 경계를 보는 분제상分齊想이 없어 법성에 계합하여 아신다. 그래서 「두루하지 못한 곳이 없다」. 이렇게 「마음이 진실하여」, 즉 망상의 심체를 여의니, 즉 「바로 제법」의 자「성」이다. 마음이 진실하여 일체법성을 체증體證할 뿐만 아니라 심「자체」는 동시에 「일체망법을 비추어 드러낼」 수 있다. 망법妄法은 본래 진여심체를 여의지 않는다. 그래서 진여심체는 저절로 일체법을 드러내고 비추어 보며, 「대지용이 있어」「무량방편으로써 여러 중생이 바라는 것에 따라 이해할 수 있도록」 성품과 욕망이 같지 않아 「모두 갖가지 법의를 열어 보일 수 있나니, 이런 까닭에」 부처님의 상념을 여읜 심체를 「이름하여」「일체종지」라 한다. 일체종지에는 두 가지 뜻이 있으니, 자증自證의 측면에서 말하면 일체 망경妄境은 진실심을 여의지 않아서 부처님께서는 일체망법을 깨달을 수 있어 법성에 계합하여 아신다. 화타化他의 측면성에 말하면 부처님께서는 무량한 방편으로 중생의 근기(이둔)에 수순하여 설법하신다. 그러므로 중생 망법은 부처님의 지혜경계 가운데 있고, 모두 제일의이다. 중생이 드러내는 망법은 법성 이외의 것에서 나오는 것이 아니다. 그래서 부처님께서는 법성심에 계합하여 스스로 아시고, 법성심에 계합하여 일체 처에 두루하시며 일체 중생을 교화하여 이롭게 하신다. _《대승기신론강기大乘起信論講記》, 인순법사

**좇아서 종宗을 나누려고 하는가! 어찌 하루살이가 붕새가 가는 길을 이어받고 으슴푸레한 반딧불이 쨍쨍 빛나는 햇빛과 같겠는가! 어찌 털구멍 하나에 시방세계 허공을 거두어들이고 찰나의 짧은 순간에 수억 부처님의 세계가 나타나겠는가! (어찌) 몸 하나하나가 일체 찰토에 두루하고, 찰토 하나하나가 가없는 몸을 머금겠는가!**

何得以限量心、起分齊見，局太虛之闊狹、定法界之邊疆，遂令分別之情，不越衆塵之境，向眞如境上鼓動心機、於寂滅海中奔騰識浪，於管中存見、向壁罅偷光，立能所之知、起勝劣之解，齊文定旨、逐語分宗。蟭螟豈繼於鵬程，螢照那齊於日曜。豈能一毛孔內，納十方之虛空；一刹那中，現億佛之世界。一一身而遍一切刹，一一刹而含無邊身。

**크고 넓은 큰 수레를 타고 삼천대천세계의 경권을 펼치며, 수미등왕불의 법좌에 올라 향적불의 맛나는 음식37)을 먹고**

---

37) 《유마경》 〈향적품香積品〉에 이르시길, "상방으로 사십이 항하사 세계를 지나가서 한 세계가 있으니 이름은 중향衆香이요, 부처님 명호는 향적香積이라. 지금 계시며, 그 나라의 향기는 시방 여러 세계에 있는 하늘 사람이나 인간 사람들의 향기보다 가장 제일이요, 그 세계에는 성문이나 벽지불의 이름이 없고, 청정한 보살 대중만 있으니, 부처님이 그들을 위하여 법문을 말씀하며, 그 세계에는 온갖 것이 향기로 되었다. 누각도 향으로 되었고 향기로 된 땅에서 거닐며, 동산과 터전이 모두 향기요, 음식의 향기는 시방의 한량없는 세계까지 퍼지었다. 때마침 그 부처님이 보살들과 함께

**가섭존자의 상의를 입고 석가모니불의 정실正室로 들어간다. 다생을 짧은 시간에 다그치고 타방세계에 사바세계를 던지며, 배로 풍륜을 들이 쉬고 입으로 불어서 겁화를 일으키며, 구릉을 보배찰토로 변하게 하고 정토를 예토로 옮기며, 한 올의 털에 다함없는 광명을 놓고 한마디 말로 사유하기 어려운 가르침의 바다를 연설한다. 이는 여러 중생의 본분으로 뭇 성인과 벗하며, 일법도 그러하지 않음이 없고 다만 일심이 있으면 모두 이와 같아 변통變通의 힘을 빌림도 아니고 수증修證의 인을 따름도 아니니, 덕량德量은 본래 그와 같아 아주 미세한 털에 모두 갖추고 있다.**[38)]

---

밥을 잡수시며, 향엄이라는 여러 하늘사람들이 모두 아뇩다라삼먁삼보리심을 내어, 저 부처님과 보살들에게 공양하는 것을 여기 있는 대중들이 다 보았다." 하셨다.

38) "화엄대교華嚴大敎는 불가사의하고 (법계의) 본성에 맞는 지극한 말씀으로 오직 상근기에 대할 뿐이라. 태양이 홀로 높은 산을 비추는 것과 같으니 하물며 이승二乘의 손에 들어가겠는가. 이처럼 힘을 합쳐 유통하니, 어찌 작은 인연을 위함이겠는가. 나 불세존이 처음 정각을 이루어 보니, 일체중생이 어리석어 미혹함이 심한지라 광대한 법계에 스스로 증득할 수 없고 광대한 위신력도 작용할 수 없다. 여래께서 탄식하며 이르시길, 기이한지라. 내가 지금 널리 일체 중생을 보니, 여래의 지혜 덕상이 갖추어 있건만은 다만 집착망상으로써 능히 증득하지 못한다. 이에 구처구회七處九會에서 설한 (화엄경은) 법계의 본성에 맞는 지극한 말씀이다. 상품에 이르러 13천대천세계 미진수의 게송이 있고, 중품에 14천하 미진수의 게송이 있으며, 하품에 백천 미묘한 게송이 있음과 같다. 이는 이 염부제에서 얻는 큰 가르침으로 시방중생으로 하여금 자신이 본래 여래의 광대한 지혜를 본래 갖추고 있음을 보게 하고자 함이다. 이로써 티끌 하나에 법계를 머금고 모든 찰토에 도량을 널리 보이며,

乘高廣之大車，展大千之經卷，陞燈王之法座，飡香積之嘉羞，披迦葉之上衣，入釋迦之正室。促多生於頃刻，擲世界於他方；腹吸風輪，口吹劫火；變丘陵爲寶刹，移淨土於穢邦；一毫中放無盡之光明，一言內演難思之教海。此乃群生之常分，與衆聖而同儔，無一法而不然，但有心而皆爾；非假變通之力，不從修證之因。德量如然，塵毛悉具。

**일향·일미가 멸진정의 문에 함께 깃들어 있으니, 기거나 날거나 꿈틀거리는 벌레도 영지의 고요함과 비춤에 어둡지 않거늘 어찌 산을 버리고 뒷담은 인정하며 바다를 버리고 물거품은 남겨두며, 하열한 뜻과 비굴한 마음에 스스로 낮추어 몸을 굽히며, 뒤집어 이에 신령한 구슬(神珠)을 갖고도 구걸하고 황금 보장寶藏을 간직하고도 가난하나니, 자기 영지를 저버리고 가보를 파묻는다.**39)

---

하나와 여럿이 걸림이 없고 대소가 원융하며, 대천세계를 타방 바깥으로 던지고 수미산을 겨자에 거두어들임이 모두 중생의 본분이다. 다만 일심이 있으면 모두 이와 같다. 이미 일심이 있으니, 어찌 이로써 보지 못하겠는가. 그래서 알지니 법을 막힘 없이 통한 혜안과 망념을 여읜 밝은 지혜가 아니면 스스로 볼 수 없다. 만약 볼 수 있다면 이를테면 형상이 없어도 삼라대천이고, 변제가 없어도 만유를 함용含容하여 염념이 이와 같고 티끌마다 이와 같으며, 예나 지금이나 가거나 옴이나 크거나 작거나 안이나 밖이나 미세한 털도 움직이지 않고 서로 어긋남이 없으며, 겹겹이 거닐다 들어가며 제석천의 그물이 교차해 나열해 있다." _《혜림종본선사별록慧林宗本禪師別錄》

39) "여러 중생의 근원 시작이 되지만 범부에 있어도 줄어짐이 없고

一香一味，同棲滅盡定門；蠢動蜎飛，不昧靈知寂照。何得遺山認培、棄海存漚，劣志卑心而自鄙屈；翻乃持神珠而乞丐，守金藏以貧窮，辜負己靈，埋沒家寶。

성인에 처하되 불어나지 아니하며, 영묘하게 깨닫고 사리가 뚜렷하며 언제나 그대로의 바탕이기 때문에 불성佛性이라 한다. 내지 혹은 영대靈臺·묘성妙性·보장寶藏·신주神珠라고도 하는데, 이는 모두가 일심으로 인연따라 다르게 일컫는 것이다." _《종경록》 2권

煩惱性雖空 能令受業

번뇌성煩惱性이 비록 공적은 하지만 분명히 또한 업을 받으며
업과業果도 또한 성性이 없지만 다시 고통의 인因을 지으며,
고통이 비록 텅 빈 것이라 하나 실제로는 참기가 어려운 것이다.
비유하면 큰 병이 났을 때 병의 성품이 온전히 공한 것이라면
무엇하러 의사를 부르고 온갖 약을 복용하겠는가. 그러므로 알라.
말과 행실이 서로 어기면 그 허실虛實됨을 스스로가 증험할 것이니,
다만 스스로의 근력根力을 헤아려서 부디 교만하지 말며
생각을 살펴 그릇됨을 막아 마땅히 간절하고 자세하게 힘써야 한다.
- 영명연수 선사 〈만선동귀집〉

## 제2장. 일백이십 가지 삿된 종지의 견해를 파척하다

**[해독]** 《유심결》에서는 유일 진심을 "법인法印"으로 삼아 정법正法과 비법非法을 판별한다. 범어 무드라(mudra)는 법의 표지標誌로 불법인지 아닌지 판별하는 표준을 가리킨다. 국왕의 인장이 국왕 권위의 부호를 대표하듯이 법인은 법왕인 불타의 옥새(印璽)이다. 소승교는 "제행무상諸行無常·제법무아諸法無我·열반적정涅槃寂滅"을 삼법인으로 삼거나 혹은 "제수시고諸受是苦"를 덧붙여 사법인으로 삼는다. 대승은 "일실상인一實相印"을 말한다. 실상의 구경의는 원교의 설에 따르면 절대의 "일심一心"이다. 실제상으로 삼법인 중에서 불과의 경계인 "열반적정"의 원만한 의리를 발휘하는데 중점을 둔다. 그것은 바로 제행무상·제법무아의 결과를 바로 관함으로 삼법인의 심화라 말할 수 있다.

《유심결》에서는 중생은 단지 일심성덕에 어두워 "진정한 종취를 판별할 수 없고, 본각을 버리고 번뇌를 따르며 근본을 버리고 지엽적인 것으로 나아간다." 그리하여 유무有無·일이一異·단상斷常의 삿된 견해의 수풀에 들어가서 "진공을 나누고 자르며 법성을 나누고 벌려놓고서, 번뇌에 의지해 생하고 멸하며, 경계를 따라 유이고 무이며", " 알음알이도 잘못 일어나고 수행도 잘못 된다"고 말씀하시고, 유심의 종지에 대해 미혹하고 어두우며, 어긋나고 등지며, 치우치고 여위는 사도와 외도의 견해 일백이십 가지를 열거하신다.

**[구조]** 연수대사의 종지는 「법성융통法性融通, 일지화회一旨和會」이다. 일단 이 종지에서 벗어나면 바로 삿된 종지의 견해이다. 《유심결》에서는 모두 일백이십 가지 삿된 종지의 견해를 열거한다. 각각은 「혹或」 자로써 그 표목標目을 삼는다. 연수대사께서 「마음」으로써 법성을 화회(和會 ; 화쟁 회통)시키고, 본체와 현상을 하나로 융합하신 그 주된 종지는 법계가 번성한 형상이 하나하나 모두 본체의 전현展現임을 드러내는데 있다. 성과 법 사이에 서로 걸림없이 융통하여 본래 「하나의 뜻으로 화회」시키는데 있는 까닭에 한 쪽에 치우쳐 집착하는 것은 모두 삿된 종지의 견해이다. 일단 어떤 방법을 여의고 어떤 행을 이루고자 함이 있으면 모두 연수대사께서 파척破斥하신 대상이고, 「마음」이 본래 갖추고 함유한 온갖 덕으로써 공덕의 누적을 구하고자 함이 있으면 쓸데없는 사족을 다하는 것(畫蛇添足)이 되고, 만덕장엄이 나의 몸에 있고 본래 「전체가 현전함」을 모르면 실로 기다리지 않고 곧 이루려는 것이다. 연수대사께서는 「유심」으로써 유무有無·일이一異·본말本末·각진覺塵·법성法性·단상斷常 등이 본래 원만한 일체로 나눌 수 없음을 논증하고, 만약 단지 「성덕에 어두우면」, 곧 갖가지 집착의 알음알이가 생겨나니, 이는 곧 삿된 종지의 견해이다. 연수대사께서는 「마음」에 대한 사견을 많이 열거하시는데, 이를테

면「망심을 조복하고 억누른다」·「마음을 맑게 한다」·「색심의 지견을 일으킨다」·「단멸의 마음이 생긴다」·「얻을 것이 있다는 마음을 일으킨다」·「몸과 마음을 일으켜 정진한다」·「또렷이 알겠다는 마음을 일으킨다」 등으로 집착이 있으면 「마음」의 전체대용全體大用에 위배된다. 연수대사께서는 이와 같이 열거한 병통에 대해 이는 "맑은 진여를 잃고 어긋난 것으로 눈을 눌러서 허공의 꽃이 생기는 것과 같고, 물에 비친 그림자를 자기의 머리로 잘못 아는 것과 같다. 방편에 모두 미혹하여 삿된 견해의 강물에 빠지며, 본심을 장애하여 중도에 들어가지 못한다."고 말씀하신다.

**혹 (번뇌) 여읨을 버리고서 편위와 정위를 유지하며,[40] 혹 분별을 끊고서[41] 기꺼이 번뇌에 처하며, 혹 망법妄法을 인정하**

---

40) 만해 한용운 스님께서는 《십현담주해十玄談註解》에서 "(원문) 목인은 한방 중에 신을 신고 가고, 석녀는 날이 밝으면 모자를 쓰고 돌아간다. (비유) 할! 백가지 귀신이 종적을 감춘다. (주해) 목인은 신족통을 얻지 못하여서 아직도 신을 신는 수고로움이 있다. 목인과 석녀는 모두 본래면목이다. 편위와 정위 둘을 얻으면 체와 용이 완전히 드러난다(偏正兩得 體用全彰)." 하셨다. 여기서 "정위正位는 인연과 관계하지 않는 지위, 편위偏位는 인연과 관계하는 지위"를 뜻한다.

41) "오백성문은 현묘한 거울에서 나눔을 끊고(五百聲聞玄鑑絶分)" 이는 소승으로 소승은 매우 집착하여 비록 견사번뇌見思煩惱를 끊었을지라도 진사번뇌塵沙煩惱와 무명번뇌를 끊지 못하였다. 그래서 거울에 비친 형상은 현오하다. 화엄의 깊은 뜻(奧旨)을 「현감玄鑑」

**여 잘못 삿된 종지를 따르며, 혹 방편에 집착하여 수고로이 점행을 닦으며,**[42] **혹 보살의 지위를 사양하여 지극한 성인에게 미루며, 혹 덕을 쌓아 삼아승지겁이 차기를 기다리며 전체가 현전함을 알지 못하면서 오히려 미묘한 깨달음을 바라니, 어찌 본래** (청정한 진여본성을) **구족하고 있는데 아직도 공덕을 성취하기만을 기다리고 있음을 깨닫겠는가.** (그리하여) **원만경계 · 상주불**

---

에 비유한다. 현玄은 현묘이고 감鑑은 거울이다. 현감은 우리의 심성이다. 마음을 밝혀 심성을 봄(明心見性)이 이를 대표한다. 소승은 분별(分)이 없다. 그래서 화엄회상에서 성문은 자리를 물러나고 들어도 알지 못한다.

"원만하게 증득하여 상응함을 불지라 한다(圓證相應名爲佛地)" 원증상응은 구경원만하게 증득함이다. 지혜가 현전하여 변법계 허공계에 이렇게 미혹함이 없이 일체 구경원만하게 깨닫는 것을 원증圓證이라 한다. 이렇게 상응하지 않음이 없다. 이는 《화엄경》의 총결總結이다. 변법계 허공계는 자기와 일체임을 확실히 기억해 두어야 한다. 일체인데 어떻게 분별(分)할 수 있는가? 분별하면 잘못이고 분별하면 미혹이다. 이렇게 상응함이 원만한 것이다. 성과 상이 상응하고, 이와 사가 상응하며, 인지와 과지가 상응한다. 이렇게 상응함은 걸림이 없다는 뜻이다. 이에 걸림이 없고 사에 걸림이 없으며 이와 상에 걸림이 없고 사와 사에 걸림이 없음을 불지佛地라 한다. 불佛은 각覺, 대각大覺, 구경원만의 각이다. 학불學佛함은 환원還源이다. 원은 무엇인가? 불지가 바로 환원하는 곳이다. 불과를 증득하고 망상을 다하고 근원으로 돌아간다. 망妄은 무엇인가? 귀납하면 망상 · 분별 · 집착을 모두 내려놓음이다.
_《수화엄오지망진환원관修華嚴奧旨妄盡還源觀》 강기, 정공법사

42) "또한 지금 현재 그 물든 번뇌를 다스려서 당래에 그 청정한 보리를 얻으리라 말하고, 본래의 미묘한 마음을 관하지 않고, 스스로 어렵고 험하다는 생각을 내어 수고로이 점행을 닦아서는 안된다(亦不可謂 現今治其染 當來得其淨 不觀本妙 自生艱阻 而勞修漸行)." _《권수정혜결사문勸修定慧結社文》(1190), 보조국사 지눌(知訥)

**성에 들지 못한 채 마침내 윤회의 바퀴를 굴리게 된다.**

或捨離而保持偏正，或絶分而甘處塵勞，或認妄而謬附邪宗，或執權而勞修漸行，或讓位高推於極聖，或積德望滿於三祇。不知全體現前，猶希妙悟；豈覺從來具足，仍待功成；不入圓常，終成輪轉。

**단지 성덕에 어두워 진정한 종취를 판별할 수 없어 깨달음을 버리고 번뇌를 좇아가며, 근본을 버리고 지엽으로 나아가며,**[43] **유와 무의 그물에 걸려서 하나다 다르다는 삿된 견해의 수풀**[44]**에 내던지며, 진공을 나누고 자르며, 법성을 나누고 벌려놓으며, 번뇌에 의지해 생하고 멸하며, 경계를 따라 유이고 무이며, 유의 집착을 끊고 유의 미혹이 상존하며, 반연을 따라 달리며**

---

43) "성덕에 어두워 진정한 종취를 판별할 수 없어 깨달음을 버리고 번뇌를 좇아가며 근본을 버리고 지엽으로 나아가게 하는데, 이를 두고 한 말이다. 이런 까닭에 마음을 닦는 사람은 자신을 굽히지도 말고 자신을 믿지도 말아야 한다. 믿으면 이 마음에 떨어져 자성을 지키지 못한 채 능히 범부도 되고 성인도 되며, 찰나찰나에 조작하여 다시 떴다 잠겼다 하는 작용으로 돌아가고 만다(爲昧於性德 罔辨眞宗 捨覺徇塵 棄本就末 此之是也 是故 修心之人 不自屈不自恃 恃卽墮於此心 不守自性 能凡能聖 刹那造作 還復漂沈之用)." _《권수정혜결사문》, 보조국사 지눌

44) 삿된 견해의 수풀(邪林)에 들어가는 중생이 있으면, 보살은 이를 보고서  곧 정견正見을 닦나니, 중생으로 하여금 삿된 견해의 수풀에서 나오게 하기 위한 까닭이다(有諸衆生入於邪林，菩薩見已修集正見，爲令衆生出邪林故). _《대방등대집경大方等大集經》

**본성을 잊고서 알음알이를 잘못 일으키고 수행이 잘못되게 된다.**

只爲昧於性德、罔辯眞宗，捨覺循塵、棄本就末，掛有無之魔羂、投一異之邪林，宰割眞空、分羅法性，依塵生滅、隨境有無，執斷迷常、驟緣遺性，謬興知解、錯倒修行。

**[선강]** 도를 배우는 사람은 이 같은 원융한 깨달음을 통과한 적이 없다. 여기서 원圓은 바로 원만 · 원오圓悟의 경계이고, 상常은 바로 상주하는 불성 · 본래면목이다. 만약 원융한 깨달음이 없고, 진여본성 상에서 배움을 구하여 돌아감이 없으면 어떻게 닦고 어떻게 행하든지 관계없이 "마침내 윤회의 바퀴를 굴리게 된다." 그가 마음을 일으키고 생각을 움직이는 것이 모두 윤전輪轉이다.

그러면 원인이 무엇인가? 그는 성덕에 어두워서 본성이 본래 갖추어져 있음을 모르기 때문이다. 불교에서는 성체性體, 본성의 체가 있고, 성구性具가 있고, 성덕性德이 있다고 말한다. 말하자면 부처님의 일체공덕, 본성이 모두 갖추어져 있다. 그래서 단지 "성덕에 어두워 진정한 종취를 판별할 수 없다"고 말한다. 말하자면 무엇이 진종眞宗, 즉 진정한 종취宗趣인지 판별할 방법이 없다.

본각을 버리고 여의어 번뇌(塵勞)를 따르고, 번뇌 한가운데 방일放逸하여 근본을 내버리고 줄곧 지엽적인 것을 찾는다. 그래서 불교에서는 "다만 근본을 얻을 뿐 지엽적인 것에 근심하지 말라(旦得本, 莫愁末)"45)고 말한다. 근본은 없지만 지엽적인 것은 매우 많다. 근본은 바로 하나이고 하나를 얻으면 일체 문제를 해결하게 된다. 그래서 만약 지엽적인 것에서 추구하면 차별이 매우 많이 생긴다.

진실한 종취는 유에 집착함도 무에 집착함도 아니다. 유에 집착하고 무에 집착하는 일종의 관념과 수행의 방법은 모두 마구니의 방법으로 마구니의 옷을 입고 마구니의 경계에 빠지는 것과 같다. 진실한 종취는 하나에 집착함도 다름에 집착함도 아니다. 다름은 바로 모순적인 것이다. 말하자면 중생은 일종의 대립적인 관념, 하나와 다름의 관념을 건립한다.

진공眞空을 나누고 자르면 진공은 단 하나로 만물도 모두 진공이다. 그렇다면 진공을 나누고 자르면 사물을 벗어나 이외에 내게도 같은 "공"이 있는 것과 같다. 그것이 바로 "재할진공宰割眞空"이다.

법성法性46)은 하나로 평등한 것이다. 일체 법은 모두 법성에

45) "다만 근본을 얻을 뿐 지엽적인 것에 근심하지 말고, 비워버릴지니 이 마음이 근본이다. 이미 근본을 얻으면 갖가지 언어, 갖가지 지혜를 날마다 쓰서 중생에 응하고 인연에 따른다. 뒤죽박죽이 되어 혹 기뻐하다 혹 노하고, 혹 좋아하다 혹 미워하며, 혹 순응하다 혹 거스르는 것은 모두 지엽적이다. 이에 인연에 수순하여 능히 스스로 깨달아 알면 모자람도 없고 남음도 없다." _대혜종고大慧宗杲선사

46) 제법의 진실 체성을 가리킨다. 또한 즉 우주간의 일체 현상이 갖추고 있는 진실불변의 본성이다. 이는 또한 진여법성이 되고 또한

의지해 나타난다. 만약 법성을 나누고 벌려놓으면 그것도 일종의 오류로 잘못된 것이다. 결국 "번뇌에 의지해 생하고 멸함"이 생겨나게 된다. 하나의 경계 하나의 번뇌가 출현하면서 하나의 생각이 일어나고, 하나의 생멸이 일어나니, 날마다 일이 있고 경계가 있게 된다. 결국 생각 한가운데 생하고 멸하여 그것을 따라 움직이고 그것을 따라 달린다. 그래서 "경계를 따라 유이고 무이다."라고 말한다. 경계가 출현하면 "유"이고, 경계가 없으면 "무"에 집착한다. 경계를 따라 "유"가 생기기도 하고 "무"가 생기기도 한다.

단견에 집착하면 인간 세상을 밝히는 등불이 꺼져버린다. 어떤 이는 인과를 끊고 일체를 끊어버린다. 상견에 미혹하면 항상 단일한 영성과 불변의 물건이 존재한다고 집착한다. 「취연驟緣」은 반연을 따라 달리고  연기를 따라 달린다는 뜻이다. 「유성遺性」은

---

진여의 다른 명칭이 된다. 법성은 만법의 본질이다. 《대지도론大智度論》 32권에서는 일체법의 총상 별상이 함께 법성으로 돌아가고 제법 각자의 차별상과 실상이 있다고 말한다. 이른바 각자 차별상은 예컨대 얼음이 녹아 물이 되듯이 문득 이전의 상을 잃고 그것으로써 고정되지 않는 것인 까닭에 이를 분별하여 구하면 얻을 수 없다. 얻을 수 없는 까닭에 공空(무자성無自性)이고 곧 공을 제법의 실상이라고 말한다. 일체 차별상에 대해 말하면 그 자성이 공한 까닭에 모두 동일하여 이를 여如라고 부른다. 일체상은 함께 공으로 돌아가는 까닭에 공을 법성法性이라고 부른다. 또한 노란 돌 속에 황금의 성질을 갖추고 있듯이 일체 세간법 속에는 모두 열반의 법성을 갖추고 있다. 그래서 이 제법본연의 실성을 법성이라고 말하는데, 이는 《원각경圓覺經》의 이른바 「중생, 국토는 동일한 법성이다」와 같은 뜻이다」. _《대품반야경大品般若經》 21권, 《성유식론成唯識論》2권을 참조하라.

본성을 유실하고 본성에 미혹하여 번민한다는 뜻이다. 이런 반연 가운데 미혹되어 있다.

하나의 일이 시작되면 당신이 꼭 올바로 처리하는 것은 아니다. 어떤 이는 "사물이 나타나면 알음알이를 일으켜서는 안 돼. 틀림없이 어떻게 해야 해, 이렇게 생각해서는 안 돼!" 라고 말한다. 하나의 문제, 하나의 일이 나타나면 하나의 알음알이를 일으킨다. 이것이 바로 "유흥지해謬興知解"이다. 이런 알음알이는 바로 번뇌이고 집착이다. 그래서 또 다른 사람은 문제가 나타나면 하나의 지견도 일으켜서는 안 된다, 하나의 알음알이도 나타나서는 안 된다고 잘라 말한다. 하나라도 나타나면 바로 분별심이고 바로 전도된 것이다. 이러한 가운데 "수행이 잘못 된다." 이 단락에서 말하는 것은 모두 잘못된 것이다. 알음알이도 잘못 나타난 것이고, 수행도 모두 잘못된 것이다.

[1단락]

## 1. 혹 정신을 온화하게 하고 기를 길러 자연을 보전하고자 한다.

或和神養氣而保自然。

**[해독]** 이는 주로 도교道教에서 말하는 "전진양기全眞養氣"의 수련 법칙이다. 비록 이 수련법이 양생하여 장수하는 효과가 없지 않을지라도 오히려 육체를 더욱 더 사랑함으로 인해 아집・자기애를 여의지 못하고 불법에서는 해탈할 수 없다.

**[선강]** 어떤 이는 기공을 수련하여 몸을 포동포동하게 하거나 몸을 잘 기르고 정신을 잘 수양하려고 한다. 기공 공부는 전부 정신을 수양하고, 기를 배양하며, 몸을 잘 길러서 장수하는데 그 목적이 있다. 이는 외도와 다를 바가 없다.

## 2. 혹 몸을 괴롭히고 꺾는 고행을 지극한 도로 삼는다.

或苦質摧形而爲至道。

**[해독]** 이는 인도 니건자尼乾子[47] 등 고행외도의 신앙으로

47) "니건자는 부처님께서 세상에 계실 때 인도 6사외도 중 한사람이다. 니건자(Nirgrantha)는 범어로 이계離繫로 번역된다. 정신(Jiva)을 계박繫縛하고 있는 육체(Pudgala)를 극렬한 고행을 통해 분리시킴으로써 인간은 생사로부터 벗어날 수가 있다고 주장한 계

대부분 천상에 태어나기 위해 채택하는 수행법이다. 불경에서는 이러한 견해는 해탈에 이르는 정도(解脫正道 ; 삼칠보리분법三十七菩提分法)가 아니라고 파척한다.

**[선강]** 이는 앞의 부류와 상반된다. 이들 수행자는 제대로 먹지 않고, 잠을 거의 자지 않으며, 몸을 못 쓰게 만드는 고행이 진정한 도道라고 여기고, 자신에게 공덕이 크다고 말한다. 어떤 이는 야외에서 매서운 추위를 견뎌 내는 것을, 어떤 이는 육체적인 고통과 굶주림을 참아내는 것을 도道라고 여긴다.

## 3. 혹 무착無着에 집착하여 말뚝을 박아 앞에 경계를 세운다.

**或執無著而椿立前境。**

**[해독]** 경론에서 말하는 "무착無著"을 중요하게 여겨 이에 집착한다. 마음이 바깥 경계에 집착하지 않도록 신경 쓰고, 바깥 경계를 사실로 여겨 바깥 경계가 본래 공함을 모른다. 이로 인해 법집法執을 깨뜨리지 못해 마음이 경계에 묶이는 것을 면하기 어렵다.

**[선강]** 어떤 이는 "무착無著"에 집착한다. 본래 불법에서는 집착하지 말라고 가르친다. 그러나 당신은 "무집착"의 가르침에 집착

---

파로 일체 출가외도의 총칭이었으나, 오직 한 부류를 제외하고 삭발, 알몸, 걸식 등의 고행을 전수한 까닭에 니건자라 달리 불렀다." _《만선동귀집 강의》, 석성범스님

하여 마음에 두어서 "나는 아무것도 집착하지 않겠다."는 "무집착"의 말뚝을 박아 앞에 세운 셈이다. 결과적으로 그 수행은 잘못된다.

## 4. 혹 선정(靜慮)을 구하려고 망심을 억지로 누른다.

或求靜慮而伏捺妄心。

**[해독]** 망념을 억지로 누르고 선정에 들어감을 도道라고 잘못 이해한다. 이는 설사 선정에 들 수는 있어도 삼계를 벗어날 수 없고, 여전히 번뇌가 늘어나며 선병禪病에 걸리기 쉽다. 불경은 여러 곳에서 오직 여실지견如實知見의 지혜로 말미암아 해탈을 얻을 수 있고, 선정은 지혜를 얻는 수단일 뿐이라고 강조한다.

**[선강]** 어떤 이는 좌선을 중요하게 여겨 이를 닦으려고 한다. "나는 선정에 들어야 한다. 선정에 들려면 공空이어야 한다." 그러나 결국 망념이 생기면, 필사적으로 망념을 누르려고 주문을 외거나 염불을 한다. 어떤 이는 각조覺照 공부48)를 하며 망념을 억누르려고 한다. 그는 자신에게 망상이 있다고 여기는 이 마음이 바로 무명의 전도임을 모른다. 이런 사람은 선정을 구해서도 안 되고, 망상이나 망심을 억누르려고 해서도 안 된다.

48) 일어나는 생각들을 제대로 살펴보고 그 이치를 깨달아 가는 것을 각조覺照공부라 한다. 말 그대로 "비추어서 깨닫다"라는 뜻이다.

## 5. 혹 정식情識을 파내고 법을 멸하여 공에 어린다.

或剞情滅法以凝空。

**[해독]** 법성은 본래 공하고(法性本空) 이에 연기성공緣起性空49)임을 모르고, 망정妄情 만법萬法을 사실로 여겨서 단지 억지로 망정과 의식분별을 소멸시켜 확고하게 공空에 머물고자 한다. 이는 진실공眞實空50)이 아니라 "단멸공斷滅空"으로 그 결과 최고는 "무상정無想定"의 경계에 머문다.

**[선강]** "고정剞情"은 정식情識을 뽑아버리고, 남김없이 파내고 싶다는 말이다. 정식情識은 좋지 않다고 여겨서 "나는 정식을 남김없이 파내고 말 것이다. 어떻게 정식을 일으킨단 말인가?" 여긴다. 어떤 이는 법을 소멸시키겠다고 말한다. 이 법은 불법을 가리키는 것이 아니고 법이 마음속에서 나타나는 것으로 법경法境·법진法塵·그림자를 뜻한다. 이를 파헤쳐 소멸시킨 이후 공空에 어린 상태

---

49) 연기緣起란 세간의 일체 사물이 뭇 인연의 화합으로 말미암아 생기는 것이요 성공性空이란 뭇 인연이 합하여 모든 법을 이루는 것이지만 그 성은 본래 비어서 진실한 자체가 없는 것이라고 하였다. 즉 연기나 제법은 모든 인연이 화합하여 이루어진 것들이기 때문에 그 성이 본래 비어서 진정한 자체自體를 얻을 수가 없다는 의미이다.

50) "진실공眞實空이란 진실로 경계가 공함을 말한다. 수행자가 안팎이 모두 공하여 인도 없고 법도 없음을 볼 적에 이 경계가 진실이다. 진실이란 이름을 세움은 성을 분별하여서는 성을 얻을 수 없어 분별성分別性이라 한다. 성공性空이 곧 진실공이다." _《십팔공론十八空論》, 용수보살

에 도달하여 상想이 공 안에 응취된다. 그러나 이 공空은 바로 외도의 공임을 알아야 한다. 이 정식情識과 법이 그에게 활발하게 출현한다. 당신은 단지 이를 분별 집착하지 않고 정식을 변화시켜 대자비로 만들고, 법을 변화시켜 장엄할 뿐이다. 이 법은 정식情識의 대상일 수 있다. 만약 당신이 자비심을 가진다면 이 법상法相[51]은 바로 장엄한 상이다. 그래서 제거하지 않아도 된다. 진실공은 일체를 제거하는 것이 아니다.

## 6. 혹 육진의 그림자에 의지해 상을 껴안는다.

**或附影緣塵而抱相。**

**[해독]** 감관感官으로부터 거두어들인 “육진의 그림자(六塵緣影)”는 객관진실이 되어 상에 집착하면 육진연기六塵緣起가 환 같음을 모른다.

**[선강]** 어떤 이는 그림자에 의지한다. 그림자는 매우 많이 있다. 빛의 그림자(光影)도 있고, 각종 안색의 그림자도 있으며, 경계의 그림자(境影)도 있다. 어떤 이에게는 불보살이 출현하고, 어떤 이에게는 귀신, 어떤 이에게는 갖가지 경계가 나타나는데, 이를 경계의

51) 제법이 갖추고 있는 본질의 상상相狀(체상體相)을 가리키거나 혹 그 의의내용(의상義相)을 가리킨다. 유식종唯識宗의 특질은 법상을 분석 혹은 분류설명하는데 있다. 그래서 또한 법상종法相宗이라 한다. _《해심밀경解深密經·일체법상품一切法相品》을 참조하라.

그림자라 한다. 그들은 어느 한 가지 육진경계 · 사념 · 대상에 반연하여 이 상을 마주하고 있다고 여겨 그것을 꼭 껴안는다. "포抱"는 바로 그것에 집착한다는 뜻이다. 빛을 꼭 껴안고, 좋은 상을 꼭 껴안으며, 진로번뇌塵勞煩惱를 끌어안는다. 어떤 것을 꼭 껴안고 내려놓지 못하며, 그것에 집착하여 도라고 여기고 진실이라고 여긴다.

## 7. 혹 신령한 근원의 진조眞照를 망실한다.

**或喪靈源之眞照。**

**[해독]** 단지 일체가 적멸하여 지혜심의 관조를 상실하고, 대부분 무너지고 가라앉는다고 알뿐이다.

**[선강]** 어떤 이는 신령한 근원의 진조를 상실한다. 이 신령한 근원은 바로 우리의 본래면목으로 영지靈知가 또렷하여 일념도 생기지 않는 당체이다. 이 당체는 비추지 않아도 비추고, 배움을 구하지도 않고 생각을 움직이지 않아도 또렷하여 항상 안다. 고요함과 비춤이 둘이 아니고 원명圓明이 나타나니, 이것을 진조眞照라 한다. 배움을 구할 필요 없이 그것은 저절로 이러하다. 만약 신령한 근원의 진조를 상실하면 이는 바로 망조妄照이니, 일부러 가서 각조공부를 하고 일부러 가서 주문을 지송하지만, 그 신령한 근원이 파묻히고 덮여진다.

## 8. 혹 불법의 정인正因을 죽인다.

或殞佛法之正因。

**[해독]** 불법의 정인은 정인불성正因佛性이라 하고, 곧 여래장如來藏이다. 이 불성을 부정하면 성불의 가능성을 잃어버리고, 불법의 정인이 사멸하게 된다.

**[선강]** "운殞"은 바로 죽인다, 소멸시킨다는 뜻이다. 불법의 정인이 없으면 보리심이나 정지정견正知正見이 없다.

[2단락]

## 9. 혹 식심을 끊고 정신을 응결시켜 무정의 지경에 과보를 받는다.

或絶識凝神，受報於無情之地。

**[해독]** 상想을 끊고, 정신을 응결시켜 초목과 같은 무정처럼 일체를 생각하지 않는다. 이로 인해 인간세계에 내쫓겨 축생도의 인因에 떨어진다.

**[선강]** 어떤 이는 이 식심識心을 끊어버린다. 끊어 버린 다음 아무것도 생각하지 않는다. 정신을 한 곳에 응결시키면 최후에 "무정의 땅에 과보를 받아" 목석이 되고 도를 얻지 못한다.

## 10. 혹 마음을 맑게 하고 색상을 민절泯絶하여 그 과보로 팔난의 천상에 난다.

或澄心泯色，住果於八難之天。

**[해독]** 그 마음을 맑고 투명하게 하고 신체가 흔적 없이 사라지고 나서 존재하는 지각으로 무색계정無色界定에 든다. 불경에서는 이를 불법을 듣지 못하는 "팔난八難" 중의 하나라고 부른다.

**[선강]** 어떤 이는 마음을 맑게 하고 모든 색상을 모두 소멸시키고 제거한다. 그 결과 "그 과보로 팔난의 천상에 난다." 바로 무상천無想天에 가는 것으로 이러면 죽도록 공부하여 목석으로 변하고 무상천의 경계가 되고 만다.

[3단락]

## 11. 혹 유有에 집착하여 건달바의 성처럼 지킨다.

或著有而守乾城。

**[해독]** 세계가 실재로 존재한다고 집착하여 그것이 꿈같고 환 같음을 알지 못하고, 마치 건달바성을 수호하는 것과 같다.52)

52) "대혜大慧여, 또 사문과 바라문이 일체법은 모두 자성이 없어 허공의 구름 같고, 도는 불바퀴 같고, 건달바성 같고, 환 같고, 불꽃 같고, 수중의 달 같고, 꿈에서 보이는 것 같다고 관할지니, 자심을 여의지 않는데, 무시이래 허망한 견해로 말미암은 까닭에 집취하여

**[선강]** 어떤 이는 "유有"에 집착하여 건달바성처럼 지킨다. "유"는 환화幻化의 경계로 이에 집착함은 공중누각(海市蜃樓)과 같은 그림자를 지키는 것과 같아 그것은 진실이 아니다.

## 12. 혹 인과는 없어 토끼의 뿔과 같다고 끊어 버린다.

**或撥無而同兎角。**

**[해독]** 세계는 텅 비어 없어 토끼 뿔과 같다고 집착하여 단멸의 "변견邊見"에 떨어진다.

**[선강]** 어떤 이는 인과도 없고 연기도 없어 토끼의 뿔과 같다고 부정한다. 토끼에게 뿔이 있을 리 없다. 이 같은 사람은 편견偏見·편공偏空의 견해에 떨어진다.

## 13. 혹 견見을 끊어 어두운 방에 거한다.

**或絶見而居暗室。**

**[해독]** 생각을 끊고 상想을 제거하는 것을 수행으로 여긴다. 대사께서는 "흑산黑山 아래 귀굴鬼窟 속에 앉아" 깨치기를 기다리는 것을 척파하신다.

---

바깥에 있다고 여긴다." _《대승입능가경大乘入楞伽經》 제1권

**[선강]** "절견絶見"은 무견無見에 상대적인 것이지만, 무견 이후 무견 상에서 죽음으로 지혜가 일어날 수 없고 관조할 수 없어 어두운 방에서 하나도 아는 것이 없는 사람과 같아 어리석인 사람으로 변하여 점점 무뎌져 가고 불법도 이해하지 못하며, 일을 하는데 지혜가 없다. 이러면 "어두운 방에서 사는" 것이다.

## 14. 혹 비춤을 세워 앎의 대상을 둔다.

或立照而存所知。

**[해독]** 한 가지 지키는 것은 능견能見·능조能照의 곧장 깨닫는 마음이다. 이는 기껏해야 의식의 현량現量53)일뿐이고, 진심眞心은 아니다.

**[선강]** 어떤 이는 "비춤을 세운다." 나는 비추어야 보면서 공부해야 하고, 깨달아야 하고, 비추어야 한다. 단지 순전히 알고, 또한 능지能知·능조能照로 소지所知·소조所照의 경계를 비추면 무엇을 아는가? 망상이 있음을 알고, 자기 신체가 공함을 알며, 빛이 출현함을 알고, 불보살이 와서 나를 가지加持함을 안다. 나는 매우 청정한 경계에 진입하였을까? 이것이 바로 순전히 아는 것이다. 비춤을 세움이 있어 순전히 안다고 말하면 모두 망상 속에서

53) "현량現量이란 현전現前의 대상을 헤아려 인식함(量度)에 아직 망상분별을 일으키지 않은 상태로 전5식의 최초 일념이 성경性境에 반연함이 이것이다. _《유식신재힐휘唯識新裁擷彙》, 당대원唐大圓

배움을 구하는 것으로 본성 가운데로 돌아갈 수 없다.

**[보충]** 능엄경에 이르시길, "근원의 밝음이 비추어서 대상이 생기고, 대상이 세워지면 각조의 성품이 사라진다(元明照生所。所立照性亡)." 하셨다. 근원의 밝음은 늘 비춤이다. 근본에서 흘러나와 일체가 생긴다. 세계는 어떻게 존재하는가? 앞 문구는 대강을 말한 것이다. 이 근본 위에서 능조能照가 나온다. 능조能照가 있으면 반드시 소조所照가 있고, 능조能照·소조所照가 있다. 각조覺照의 성품이 없으면 사람은 이로부터 미혹된다. 뒷 문구는 발원한 곳을 말한 것이다. _《대불정수능엄경강기大佛頂首楞嚴經講記》, 담허대사

[4단락]

## 15. 혹 각지覺知가 있음이 진불眞佛의 드러남이라 여긴다.

或認有覺是眞佛之形。

**[해독]** 각지覺知의 성품을 불성이라 오인한다. 이는 의식의 공능功能이 망령된 인연에 의지해 일어난 것으로 결코 진상(眞常; 진여상)이 아님을 모른다. 《유마경維摩經》〈부사의품不思議品〉에 이르시길, "견문각지로 법을 구할 수 없거늘, 만약 견문각지를 행하면 이것은 곧 견문각지일 뿐이요 법을 구함이 아니다(法不可見聞覺知 若行見聞覺知 是則見聞覺知 非求法也)." 하셨다. (보충) 이는 육근으로 말미암아 육식六識을 일으킴으로 육식이 합쳐서 일어남이 바로 「견문각지

見聞覺知」 이다. 안식眼識으로 볼 수 있고, 이식耳識으로 들을 수 있으며, 코 · 혀 · 몸으로 모두 감각할 수 있고, 의식으로 알 수 있다. 법은 견문각지 할 수 없다. 대승불법은 상相이 없으니, 오직 상응을 증득할 뿐, 어찌 눈으로 볼 수 있고 귀로 들을 수 있으며, 코로 냄새를 맡을 수 있고 혀로 맛을 볼 수 있으며, 몸으로 차고 따뜻함을 깨달을 수 있는가? 없다. 뜻으로도 알 수 없다. 그래서 견문각지를 멀리 여의어야 불법이다. 당신이 견문각지를 구하려고 하고, 육식으로 법을 구하여 견문각지를 떼어놓지 않으면 견문각지로 법을 구하는 것이다. 범부의 육신을 모두 떼어놓지 않고, 당신은 어떻게 법을 구하려고 하는가? _《유마힐소설경강기維摩詰所說經講記》 도원 장로.

**[선강]** 각지가 있음이 바로 진불의 드러남이라고 여긴다. 그러나 각지가 있음이 바로 망상이다.

**[보충]** "제법을 짓지 않으면서 응연凝然함이라 말한다면 망정으로 헤아리는 바인 까닭에 곧 진상眞常을 잃는다. 이로써 저 진상은 무상과 다르지 않은 상이다. 무상과 다르지 않은 상이라 망정에서 벗어나는 까닭에 진상眞常이라 이름한다. 이런 까닭에 《승만경》에 이르시길, 「물이 들지 않으면서 물이 든다」함은 상이 무상을 지음을 밝히는 것이고, 「물이 들면서 물이 들지 않는다」함은 무상을 지을 때 상을 잃지 않음을 밝히는 것이다."

_《화엄오교장華嚴五教章》, 현수대사 법장

"신령한 광명이 홀로 빛나서
육근과 육진을 멀리 벗어났다.
그 본체가 진상眞常을 드러내니
문자에 구애되지 않는다.
(靈光獨耀 逈脫根塵 體露眞常 不拘文字)

심성은 물들지 않아
본래 스스로 원만하니,
다만 망령된 인연만 여의면
곧 여여한 부처이다"
(心性無染 本自圓成 但離妄緣 則如如佛) _《백장회해百丈懷海》

## 16. 혹 무지無知를 본받으니 목석과 같은 부류이다.

**或效無知同木石之類。**

**[해독]** 무지를 도라고 여겨, 불성본각佛性本覺이 목석의 무지와 다름을 모른다.

**[선강]** 어떤 이는 무지를 본받아 나는 아무것도 모르고 아무것도 분별하지 않는다고 한다. 결국 죽어서 목석과 같은 부류이다.

[5단락]

## 17. 혹 망념을 구경의 과와 같다고 고집하니, 진흙이 바로 병이라 하는 것과 같다.

或執妄同究竟之果，如卽泥是瓶。

**[해독]** 망념이 바로 보리이고 범부가 부처라고 오인하니, 마치 진흙을 병이라고 오인하는 것과 같다. 《대승밀엄경》에서 비록 "금과 반지는 전전하여도 차별이 없는 것과 같다(如金與指環，展轉無差別)."고 말했을지라도 순금은 결코 바로 금반지가 아니고, 단지 금반지를 만들 수 있을 뿐이다.

**[보충]** "동일한 황금 덩어리를 맹렬한 불의 단련을 거쳐 귀고리·블러치·팔찌·반지 등 천차만별의 형태를 만들 수 있지만, 황금의 본질은 시종일관 바뀌지 않고, 귀고리는 귀에 걸고, 블러치는 가슴 앞에 달며, 팔찌는 손에 차고, 반지는 손에 끼어 각자 인연과 명운이 다르지만, 황금의 본질은 그대로 있어 변하지 않는다. 황금으로 각종 장신구를 만들어서 세간에서 전전하여도 차별이 없다. 불성도 이와 같아서 오취육도五趣六道의 생사윤회를 얼마든지 거치면서 성자와 범부로 바뀔지라도 불성은 죽지 않고 진여는 흩어져 사라지지 않는다. 이러한 이치를 깊이 관할 수 있으면 사람마다 본래 스스로 청정한 불성을 구족하고 있음을 인정하여 이에 의지해 덕을 쌓고 선을 닦아서 무상 보리도를 원만히 이룰 수 있다." _성운星雲스님

**[선강]** 어떤 이는 망상 · 허망의 경계를 "구경의 과와 같다."고 집착한다. 일종의 허망한 경계와 허망한 감각을 상상하여 구경의 과실이라 오인하여 "진흙이 바로 병이다."라고 말하는 것과 같다. 진흙은 아직 병으로 구은 것이 아니어서 병이 아니다. 진흙은 병으로 구을 수 있을지라도 아직 굽지 않았다. 그래서 망상 · 집착 · 분별을 제거하고 번뇌를 다 끊어야 구경의 과에 도달할 수 있다. 만약 이렇지 않으면 바로 산란한 지혜(狂慧)일 뿐이다.

## 18. 혹 모든 인연을 잊어버리고 해탈의 문으로 나아가니, 물결을 버리고 물을 구하는 것과 같다.

或妄[54]緣趣解脫之門，似撥波求水。

**[해독]** 모든 인연을 잊어버림을 도道라고 여겨 해탈을 구하니, 다시 말해 성공性空이 연기緣起의 공空이고, 불성이 모든 인연의 체성體性임을 모르고 연기를 떠나 해탈을 구하니, 물결을 여의고 물을 구하는 것과 같다.

**[선강]** 인연을 잊어버리고 해탈의 문을 향해 나아간다. 그러나 물결을 떼어놓고 물이 없듯이 인연을 떼어놓고 해탈은 없다. 해탈은 어디에서 해탈인가? 중생 가운데, 연기 가운데, 갖가지 사물 가운데 서야 비로소 해탈할 수 있다. 연기를 떼어놓으면 해탈할

54) 여기서 망妄은 망忘의 오기이다.

수 없다. 설사 해탈할지라도 편공偏空의 해탈에 빠진다. 그래서 "물결을 버리고 물을 구하지 말라." 말씀하신다.

[6단락]

## 19. 혹 바깥으로 질주하여 망령되이 몽환의 일을 일으킨다.

或外騁而妄興夢事。

**[해독]** 마음이 바깥으로 질주하여 세상사에 깊이 빠져 세상사가 꿈같고 환 같은 줄 모른다.

**[선강]** 어떤 이는 "바깥으로 질주한다." 망상이 매우 많아 늘 바깥 갖가지 경계를 생각한다. "몽환의 일을 일으킨다." 모두 꿈을 꾸고 있다. 온종일 모두 바깥일을 생각하며 꿈을 꾸고 있다.

## 20. 혹 안으로 지킨다고 단정히 앉아 마른 선정만 껴안고 있다.

或內守而端居抱愚。

**[해독]** 다만 단정히 앉아서 안만 지킬 뿐, 지혜의 관조가 없으면 이는 외도의 바짝 마른 선정(癡定)이다.55)

---

55) "날마다 장생법을 사용하여 입을 닫고 단정히 앉아서 한 생각도 일으키지 않고 정신은 깨어있고 뜻은 안정되고 눈을 사물을 보지

**[선강]** 안만 지키면서 바깥은 돌보지 않는다. 안만 지키면서 참학(參學 ; 참구)하지도 법을 묻지도 않고 관찰도 하지 않는다. 그래서 바짝 마른 선정만 껴안고 아무것도 모르며, 지혜도 열리지 않고 공부도 수승한 상응이 없으며, 지혜도 없고 점점 더 둔해지며, 원래는 조금은 알았지만 나중에는 불법을 모르게 된다.

**[보충]** "다섯째는 정혜定慧를 균등히 나란히 하기 위해 지관을 닦는다. 행자는 좌선 중에 지止를 닦는 연고로 혹 관觀을 닦아서 선정에 든다. 비록 선정에 들지라도 관혜觀慧가 없으면 바짝 마른 선정(癡定)이 되고 번뇌결사結使를 끊을 수 없다. 혹 관혜가 희미하고 적으면 곧 진실한 지혜를 일으켜 여러 결사를 끊고 여러 법문을 발할 수 없다. 이때 응당 관을 닦아 파척하면 정혜가 균등하고 번뇌결사를 끊을 수 있고 여러 법문을 증득할 수 있다. 행자는 좌선을 할 때 관觀을 닦는 연고로 마음이 확연히 개오開悟하여 지혜가 분명하지만, 선정의 마음이 희미하고 적으면 마음이 움직이고 흩어져 바람 앞의 등불처럼 사물을 제대로 비추지 못하여 생사를 벗어날 수 없다. 이때 응당 다시 지止를 닦아야 한다. 이로써 지止를 닦는 까닭에 곧 선정의 마음을 얻으면 밀실의 등불처럼 어둠을 깨뜨릴 수 있고 사물을 분명히 비출 수 있다.

---

않고 귀는 소리를 듣지 않고 오로지 일심으로 안을 지키어 숨을 조절하면 면면히 이어지게 가르침이 중단되지 않게 하여 있는 듯 없는 듯하여 영榮기와 위衛기가 저절로 유통하여 물과 불이 저절로 오르게 내리면 신령스럽고 참된 것이 몸에 붙어 장생을 얻음이 어렵지 않다." _나부산羅浮山 공섬선사空蟾先師, 《현관타좌식玄關打坐式 전술傳述》

이것으로 곧 정혜 두 가지 법을 균등히 나란히 하기 위해 지관을 닦음을 간략히 말하였다. 행자가 만약 이와 같이 몸을 단정히 하고 바로 앉아서 이 다섯 차례 지관을 닦는 뜻을 잘 사용하여 그 알맞음을 취사하여 잃지 않으면, 마땅히 알지니 이 사람은 불법을 잘 닦는다. 잘 닦을 수 있는 까닭에 반드시 일생을 헛되이 보내지 않을 것이다."

_《수습지관좌선법요修習止觀坐禪法要》, 천태지자대사

## 21. 혹 하나에 쏠려서 만물의 형상은 모두 같다고 한다.

或宗一而物象同如。

**[해독]** "하나"에 집착하여 단지 만유萬有의 동일성만 보고 그 차별성은 보지 않아 일변에 치우쳐서 중도에 계합하지 못한다.

**[선강]** 어떤 사람은 하나에 쏠려서 모든 것은 지수화풍이라고 말한다. 어떤 사람은 이 무엇고(是什麽)? 하나의 물건, 하나의 경계에 쏠려서 일체 만물의 형상은 공하다고 여긴다. 이렇게 하나에 집착하지만 실제로는 하나도 없다.

## 22. 혹 차별을 보아 각각 법계를 세운다.

**或見異而各立法界。**

**[해독]** 단지 만물의 차별성(자상自相)만 보고서 그 동일성(공상共相)[56]을 보지 못하는데, 이 또한 한쪽에 치우쳐 빠짐을 면하지 못한다.

**[선강]** 어떤 사람은 차별을 보아 각각 법계를 세워서 이것은 어떤 법계이고, 저것은 어떤 법계이다 말한다. 그리고 인간법계 · 천상법계 · 축생법계, 이들 차별적인 법계에 집착한다.

[7단락]

## 23. 혹 우치를 지키어 무분별을 대도大道로 삼는다.

**或守愚癡無分別而爲大道。**

**[해독]** 단지 무분별을 도로 삼아 지혜가 분별을 여의고 또한

---

56) 홀로 스스로 개별적인 체상이 있어 다른 제법과 함께 통하지 않는 상을 자상自相이라 한다. 자상과 상대하여 자상에 얽매이지 않는 제법 공통의 상을 공상共相이라 한다. 자상은 자체개별의 총상이고 자기의 일정한 특질을 갖춘 것이다. 《성유식론술기成唯識論述記》 2권에서 이르길, "제법의 자체는 오직 증득한 지혜로 알 수 있을 뿐 말로 설명할 수 없다고 하는 것이 자상이다. 그러나 제법의 체성은 임시적인 존재를 아는 지혜(假智)가 연하는 대상으로 언어를 빌려 이해할 수 있다 하는 것이 공상共相이다." 하셨다.

무분별을 여읨을 모른다. 《유마경》에 이르시길, "(법왕께서는) 제법의 상을 잘 분별할 수 있어 제일의제에 안온히 머무시어 움직이지 않으신다(能善分別諸法相, 於第一義而不動)." 하셨다. (보충) 강경설법은 일체 제법의 상을 분별함이다. 무엇이 세간법이고 출세간법인가? 무엇이 권교법이고 진실법인가? 부처님께서는 잘 분별할 수 있어 매우 또렷하게 분별할 수 있다. 부처님께서 세간법과 출세간법을 설하실 때 모두 공에 치우치지도 유에 치우치지도 않고 제일의제第一義諦의 도리를 충분히 나타내시며 부처님의 마음은 움직이지 않고 제일의제에 안온히 머무신다.

_《유마힐소설경강기維摩詰所說經講記》 도원 장로

**[선강]** 어떤 사람은 우치愚癡의 무분별을 지키는 것을 대도大道라고 여긴다. 무분별은 우치가 아니라 지혜로 충만하여 기틀을 활활 발발하게 응용함이다. 만약 우치를 고수하여 매우 둔하다면 이러한 무분별은 쓸모없고 점점 더 둔해진다. 그는 이것이 대도라고 여기지만 맞지 않다.

## 24. 혹 공견空見을 중시하여 선악을 배척하고 참된 수행을 짓는다.

**或尚空見排善惡而作眞修。**

**[해독]** 연기성공緣起性空57)을 잘못 이해하여 악을 짓지 않고,

또한 선을 행하지 않음을 도道라고 여겨 증상만增上慢의 공견空見에 떨어진다.

**[선강]** 공空이 바로 옳은 것이라 여기고, 공이 도道라고 여기며, 공이 근본이라고 여긴다. 선악을 모두 배척하여 다른 곳에서 참된 수행을 짓고서 이것이 참된 수행이라고 여긴다. 이는 전도된 견해이다. 비록 공일지라도 그것은 진공眞空이다. 비록 선악을 건립하지 않을지라도 여전히 선악의 작용을 따라 연기한다.

[8단락]

## 25. 혹 부사의한 본성을 잘못 이해하여 완공頑空을 짓는다.

或解不思議性作頑空。

**[해독]** 불성의 "부사의성"을 잘못 이해하여 아무것도 없다고 한다. 이는 의식이 지은 바 완공頑空으로 불법의 진정한 공이 아니다.

**[선강]** 어떤 사람은 부사의한 본성이 바로 영지靈知가 또렷한

57) 연기緣起란 세간의 일체 사물이 뭇 인연의 화합으로 말미암아 생기는 것이요 성공性空이란 뭇 인연이 합하여 모든 법을 이루는 것이지만 그 성은 본래 비어서 진실한 자체가 없는 것이라고 하였다. 즉 연기나 제법은 모든 인연이 화합하여 이루어진 것들이기 때문에 그 성이 본래 비어서 진정한 자체自體를 얻을 수가 없다는 의미이다.

본성이라고 이해하고 완공을 지어 아무것도 없다고 한다. 이는 틀렸다.

**[보충]** 일반인은 「유有」에 집착하는 것이 아니고, 자신의 생각·사상과 몸 바깥의 사물을 모두 실재하는 것이라 여기고 바로 「공空」에 집착하여 어차피 사후에는 아무것도 없다고 여겨 일체 문제는 모두 해결될 수 있다고 여긴다. 혹은 일체는 모두 가상이고 아무것도 별로 집착할 것이 없어, 세상을 하찮게 여기고, 심지어는 자살까지 한다. 실제로는 유에 집착하고 공에 집착하는 것은 모두 정확한 태도가 아니다. 예전에 말했듯이 유에 집착하는 위험, 즉 「유에 취착하고 유를 버려서(有取有捨)」, 자신이 좋아하는 것만 추구하고, 자신이 혐오하는 것을 거절한다. 이와 달리 어떤 이는 좌선할 때 마음이 일순간 공백일 수가 있는데, 이를 개오開悟에 가깝다고 보지만 사실은 아주 다르다. 개오의 경계는 전념이 생기지 않고 후념이 생기지도 않으며 지금 이 순간 한 생각도 생기지 않는다. 그러나 공, 무경계의 사람은 곧 단지 앉아서 생각하지도 짓지도 않는데, 결코 진정한 수행이 아니다. 이 같은 사람에게는 확실히 한 생각이 있다. 즉 전념이 일어나지만 상관하지 않고 후념이 일어날 수 있어도 단지 상관하지 않으며, 지금 이 순간 일념에 이르면 그것을 따라 간다. 이런 사람은 자신의 생각에 집착하지 않는다고 생각할 수 있지만 사실상 이것은 진정한 깨달음의 경지와 매우 멀다. 이는 「완공頑空」이지 「진공眞空」이 아니다."

_《마음의 시 게송 - 신심명강록信心銘講錄》 성엄聖嚴법사

## 26. 혹 진선묘색眞善妙色을 체달하여 실유實有라 여긴다.

或體眞善妙色爲實有。

**[해독]** 불보살의 미묘한 색신 등 묘색妙色을 오인하여 실유實有라고 여긴다. 이는 진공묘유眞空妙有로 있지 않되 있음을 모른다.

**[선강]** 어떤 사람은 진선묘색眞善妙色을 체달體達·체증體證하여 실유로 삼는다. 어떤 사람은 광명의 색·경계의 색을 실유의 경계라고 말하며 이 경계에 집착한다.

**[보충]** 진색신眞色身이란 두 가지 뜻이 있다. 하나는 즉 허망을 허망으로 여긴다. 다만 그 사事 같이 반드시 불생불멸을 진眞으로 여길 필요는 없다. 물 위의 달을 물 위의 달로 여기듯이 비록 비슷하나, 진眞은 아니다. 그래서 《화엄경》에 이르시길, "실상을 진실불허하다 보고, 부실허상을 부실허망하다 보며, 이와 같이 법상을 이해하면 이는 곧 부처라 이름한다(於實見眞實, 不實見不實, 如是解法相, 是則名爲佛)." 하셨다. 둘째는 상相은 곧 무상無相이니 법신과 같다고 하는 까닭에 말단을 거두어 근본으로 돌아감을 진색신眞色身, 곧 진선묘색眞善妙色이라 이름 한다. 그래서 《열반경》에 이르시길, "나의 지금 이 몸은 바로 상신법신으로 금강석처럼 무너지지 않는 몸이니라(吾今此身卽是常身法身, 金剛不壞之身)." 하셨다. _《금강경찬요간정기金剛經纂要刊定記》 제4권

"묻건대, 성인은 실상의 묘색을 보는데, 미혹한 중생도 볼 수

있는가? 답하건대, 중생은 오직 부실의 허망한 상을 보고 부실한 허망의 실상을 보지 못한다(唯見不實 不見不實之實). 이는 마치 말뚝을 보고 도적으로 여기고, 말뚝을 보지 못하는 것과 같다."

_《종경록》 제65권

"천태종에서는 묘색妙色 · 성색性色을 가지고 물物 자체로써 나타나는 사물을 말한 적이 있다. 묘색은 특별히 수승한 사물을 가리키고, 성색은 법성화 · 진리화된 사물을 가리키는데, 모두 일반적인 것과 다른 뜻이 있다. 천태지자대사께서는 《마하지관》에서 「일색 · 일향이 중도가 아님도 없다」고 말하면서 중도의 진리 하에서 나타나는 일색 · 일향은 저절로 물 자체이다."

_《순수역동현상학純粹力動現象學》, 오여균吳汝鈞

[9단락]

## 27. 혹 기용을 가라앉히고 생각을 끊으니, 유루천有漏天과 같다.

或沈機絶想，同有漏之天。

**[해독]** 기심機心58)을 제거하고 여러 생각을 끊어 마음이 어린아

58) "장자는 기계처럼 복잡하고 정교한 생각을 기심機心이라고 불렀다. 후인들은 이와 대비하여 자연에 순응하는 생각을 도심道心으로 삼았다. 여기서 자연은 도학상의 자연, 즉 「도道」를 가리킨다. 도학에서는 만사 만물의 이치라고 여기지만, 오늘날 사람들이 말하는

이처럼 무지하도록 하니, 이는 유루有漏의 색계천色界天 등과 같다.

**[선강]** 어떤 사람은 활활발발한 기용機用[59]이 없어 아무런 생각도 움직이지 않는다. 이는 마치 유루천에서의 경계와 같아 오백년 일천년 닦아도 그대로 이와 같다.

## 28. 각관사유覺觀思惟를 지어 정량情量의 영역에 떨어진다.

**或覺觀思惟，墮情量之域。**

**[해독]** 의식사유 · 각관覺觀으로써 도를 삼아 망심분별에 떨어져 이상理想 · 사유思維로 말미암아 불법에 입문할 지라도 구경처(불성)는 이상 · 사유를 뛰어넘는 것을 모른다.

**[선강]** 정식情識을 쓰고, 사량思量을 쓰며, 자신의 감정을 써서 정사情思 · 정량情量의 영역에 떨어지니, 이 또한 지혜가 아니다.[60]

---

자연환경은 아니다." _《유기백과维基百科》

59) "기機는 기틀이고 용用은 기틀이 빚어내는 작용이다. 대기는 틀이 제 틀됨을 고수하지 않고 재료의 결을 따라 원만히 상응한다(大機圓應). 기틀이 빚어내는 대용에는 반드시 불순한 것들은 깎거나 잘라내는 과정이 보충되어야한다(大用直截). 그래서 기용은 그것이 함께 펼쳐지는 한에서 온전해진다(機用齊施). _《화두의 기능과 역할》, 박재현

60) "다만 그대에게 말하는 것은 정량이 다한 곳이 도이니, 만약 정량이 다하면 마음에는 방소가 없다(只是說汝 如今情量盡處爲道, 情量若盡 心無方所)." _《전심법요傳心法要》, 황벽선사

**[보충]** 《수능엄경》에 이르시길, "(이근원통의) 각관은 사유를 벗어나니 몸과 마음으로는 능히 미치지 못한다(覺觀出思惟, 身心不能及)." 하셨다.

각覺은 듣는 성품의 체이고, 관觀은 듣는 성품의 용이다. 각관은 고요하고 비추고 비추고 고요하여 사유에 매이지 않는다. 이근은 꿈속에서 부르자마자 곧 깨어난다. 사유는 제6 독산의식獨散意識이고, 몽상은 오식과 관계없이 단독으로 작용하는 제6 독두의식獨頭意識과 오식과 함께 일어나는 오구의식五俱意識이다. 이를 수행선정 방법으로 삼는 것을 각覺 · 관觀 · 사思 · 유惟를 지음이라고 한다.

_《관세음보살 이근원통법문강요耳根圓通法門講要》 성엄법사

당신이 수행하면 수덕과 성덕으로부터 시작할 수 있다. 「각관으로 사유를 벗어난다(覺觀出思惟)」, 이는 보통사람의 수행을 말하는데, 모두 각관을 닦아 관조觀照를 공부한다. 이 관조로써 사유로부터 벗어나지만, 관조는 몸과 마음을 떼어놓을 수 없다. 「몸과 마음으로는 미칠 수 없다(身心不能及)」, 마음과 몸을 떼어놓으면 도달할 수 없다."

_《대불정수능엄경강기大佛頂首楞嚴經講記》, 담허대사

[10단락]

## 29. 혹 망상의 본성을 궁구하지 못하여 명초冥初라는 알음알이를 짓는다.

或不窮妄性，作冥初之解。

**[해독]** 망상의 본성을 궁구할 수 없고, 우주 생성의 각도에서 그 최초의 과정을 탐구할 줄만 안다. 명초冥初는 또한 명제冥諦를 지음은 인도 수론파數論派가 세운 25제의 하나로 어두워서(冥然) 알지 못하는 곳을 만물의 본원이라고 여긴다.[61] 《능엄경》 2권에 이르시길, "이와 같이 나아가 분별이 전혀 없는 곳에 이르면 색色도 아니고 공空도 아닌데, 외도인 구사리 등은 이 이치에 어두워 명제冥諦라고 하였다(如是乃至分別都無，非色非空，拘舍離等，昧爲冥諦)."

**[선강]** 어떤 사람은 망성妄性이 바로 진성眞性임을 모르고 허망한 성을 궁진하지 못한다. "명초冥初"는 바로 최초의 지점이다. 외도에서는 최초의 지점을 찾는다. 예를 들면 어떤 사람은 마음이 한번 움직이면 경계가 움직이는데, 그는 이것이 바로 "명초"라고 여긴다. 나의 마음이 움직여서 경계는 움직인다. "마음이 움직여서

---

61) "수론파數論波(Samkhya파, 인도육파의 하나)에서는 이는 만물의 본원으로 까마득하게 멀고 넓어 진제가 없는 까닭에 명제冥諦라고 하고 또한 명성冥性이라고 한다. 또한 이는 만물의 본원으로 천차만별의 제법이 이로부터 생기는 까닭에 자성이라 하고, 본성이라 하며, 승성勝性이라 한다." _《불학대사전》

경계가 움직인다."는 그 이해에 집착하면 틀렸다. 더 나아가 본성에서는 진성과 망상은 둘이 아니고,62) 동과 부동은 둘이 아니다. 동과 부동이 없으면 "명초"의 경계가 없다.

## 30. 혹 환화幻化의 체성에 어두워 공무空無의 종宗을 세운다.

或昧於幻體，立空無之宗。

**[해독]** 환화幻化의 체성은 공도 아니고 유도 아님을 모르고, 오직 공무空無를 세워 종으로 삼는다.

**[선강]** 허환虛幻의 체에 어두워 공무空無의 종을 세운다. 왜 그런가? 몸도 공이고 세계도 공이기 때문이다. 그래서 그는 공무 하나를 건립하니, 무엇이든 다 공이고 무엇이든 다 없다.

---

62) "이입理入이란 경전의 가르침에 의거해 종지를 깨달음(籍教悟宗)을 말한다. 이는 중생이 동일한 진성眞性이지만 객진망상에 덮힌 바가 되어서 (진성이) 드러나지 않음을 깊이 믿고, 만약 망상을 버리고 진성으로 돌아가 벽관壁觀에 확고하게 머물러 자신도 없고 타인도 없으며 범부와 성인이 동일하여 굳건히 머물러 움직이지 않으면 더 이상 글의 가르침에 떨어지지 않는다. 이는 곧 이理와 은밀히 맞아 분별이 없고 고요한 무위의 경계에 들어가니 이를 일러 이입理入이라 한다." _《능가사자기楞伽師資記》 정각淨覺

[11단락]

## 31. 혹 그림자를 오인해 진眞이라 여긴다.

或認影而爲眞。

**[해독]** 육진의 그림자를 진짜로 여기니, 거울 속의 사람과 물 속의 달을 진짜 사람 · 진짜 달로 여기는 것과 같다.

**[선강]** 부처님의 상을 보고 광명의 상을 보며, 무엇이든 보아도 이 그림자가 바로 진실한 도라고 여긴다. 어떤 이에게 그의 스승이 "당신은 도를 얻었다. 성취하였다. 너는 어떤가?" 하고 말한다. 그는 진이라 여긴다.

## 32. 혹 망상에 집착하여 실實을 구한다.

或執妄而求實。

**[해독]** 망상에 집착하여 실을 구하니, 망상이 곧 실임을 모른다.

**[선강]** 어떤 사람은 망상 · 망경에 집착하여 실을 구하고, 실유實有의 경계를 구한다. 이 단락에서는 진眞과 실實을 대응하여 말하였다.

[12단락]

## 33. 혹 견문見聞의 성품을 활물活物이라고 여긴다.[63]

或認見聞性爲活物。

**[해독]** 보고 들을 수 있는 성품을 불성이라 잘못 이해하고, 보고 듣는 성품이 육근의 작용임을 모른다.

**[선강]** 보고 듣고 깨달아 아는(見聞覺知) 성품을 불성이라 이해한다. 그러나 "살아 움직이는(活物)"[64] 물건이 있어 머리 위로 나올 수 있고 공중으로 날아다닐 수 있다고 여겨서 이 물건이 도라고 말하면, 이는 틀렸다.

## 34. 환화幻化의 경계를 가리켜 무정無情을 짓는다.

或指幻化境作無情。

**[해독]** 환화의 경계를 오인하여 무정無情이라 여겨, 일체 경계(법계 · 만물 · 갖가지 형태 부류)는 오직 마음이 지을 수 있고(唯心造)[65],

63) 「15. 혹 각지覺知가 있음이 진불眞佛의 드러남이라 여긴다」 해설 주석 참조하라.

64) 묻건대 「어떻게 해야 선정에 듭니까?」 답하되 「(알음알이로) 선정을 구하지 말라(不定)」 묻건대 「왜 선정을 구하지 말라 하십니까?」 답하되, 「(활짝) 깨어있어라(活物) (활활발발) 살아 움직이라(活物)!」 _ (《조주록趙州錄》 칙則103)

65) "삼세 일체불(삼세일체보살 · 삼세일체연각 · 삼세일체성문 · 제천선

일념의 마음이 현전한 것임을 모른다.

**[선강]** 어떤 사람은 환화의 경계는 무정無情이라고 가리킨다. 무정이 어떻게 경계를 지을 수 있는가? 모두 마음이 경계를 일으키고, 유정이 경계를 일으킨 것이다.

[13단락]

## 35. 혹 의념을 일으켜 적지寂知를 어긴다.

**或起意而乖寂知。**

**[해독]** 의념을 일으키는 바를 진심眞心으로 여겨 공적空寂의 순수한 지성이 본심임을 모른다.

**[선강]** 어떤 사람은 마음을 일으키고 뜻(생각)을 움직인다. 그러나 이는 "적지寂知"에 어긋난다. 고요하여 알 수 있음, 말하자면 신념을 움직이지 않아야 알 수 있음을 적지寂知라 한다.

**[보충]** 「적지지체寂知指體」는 곧 중생이 원래 갖춘 적지寂知가 본체임을 곧장 가리킨다는 뜻이다. 이는 남종선南宗禪 하택신회(670~762)의 주요교리로 사람마다 갖추고 있는 선천공적先天空

---

인 · 갖가지 아수라 · 축생 · 아귀 · 지옥)을 또렷이 알고자 하거든 응당 법계를 잘 관할지니, 일체는 오직 마음이 지어냄이라." _《80화엄경》〈보살설게품菩薩說偈品〉

寂의 지知가 있음이 범부와 성인의 본체임을 말한다. 종밀宗密의 《원각경대소초圓覺經大疏鈔》에 따르면 만법은 모두 「공空」이고 심체心體는 본래 「적寂」이며, 적寂이 곧 법신(제법본체)이다. 이러한 공적의 이체를 또렷이 앎이 바로 진지眞智 또는 보리·열반·진여이다. 이는 중생 본래 근원의 마음, 자연이 본래 갖춘 법이다. 우리들 심성의 본질을 말하면 만법의 「식識」을 생성하여 이에 망념이다. 망념에 대해 부정을 가하면 곧 어떠한 분별활동의 공적한 마음도 없을 수밖에 없다. 이 같은 심성은 어둡지 않은 영지靈知를 갖추고 있으니, 이를 「공적지지空寂之知」라 하고 「적지寂知」라 약칭하며, 혹은 열반·진여·보리·진지·법신·불성이라 하며, 이것이 사람마다 모두 갖춘 심성영지이다. 불교의 수습 종지는 곧장 지견을 가리켜 자기본유의 적지를 또렷이 이해하는 것으로 마음 바깥에서 부처를 구할 필요가 없는 까닭에 「지知」 한 글자를 강조하니, 이에 중묘衆妙의 문이다."

_《선원제전집도서禪源諸詮集都序 권2》

## 36. 혹 생각을 끊어서 불성의 묘용을 이지러지게 한다.

或斷念而虧佛用。

**[해독]** 모든 생각을 단절함을 도道라고 여겨 불성묘용佛性妙用을 모른다.

**[선강]** 어떤 이는 생각을 끊어버려 불력의 작용이 이지러진다. 부처님께서는 망상을 끊지도 진성을 구하지도 않으며, 생각이 염념이 일어나고 염념이 바로 무념으로 일체 염念을 일으킬 수 있되, 염한 바는 없다.

[14단락]

## 37. 혹 불성의 공덕에 미혹하여 색심의 지견을 일으킨다.

或迷性功德而起色心之見。

**[해독]** 불성의 청정공덕 · 여래장엄보신 · 일체지一切智 등에 미혹하고 어두워, 불성에 색이 있고 마음이 있다고 여기며, 불성과 색심이 일여一如임을 모른다.

**[선강]** 어떤 이는 "불성의 공덕에 미혹하여 어둡다." 그러면 오히려 "색심의 지견"이 생긴다. 색심이 모두 진짜라고 여겨, 색도 있고 마음도 있고 정신과 물질이 있다는 지견이 생긴다. 이것들은 모두 본성이 현현한 작용임을 모른다.

## 38. 혹 필경공畢竟空에 의거해서 단멸의 마음이 생긴다.

或據畢竟空而生斷滅之心。

**[해독]** 필경공畢竟空으로 아무것도 없다고 여겨 단멸견斷滅見에 떨어진다.

**[선강]** "어떤 이는 필경공에 의거한다." 그는 불교는 필경공이라고 말하지 않았는가? 십팔공十八空 최후에는 필경공畢竟空이라고 생각한다.66) 그리하여 그는 "단멸의 마음"이 생긴다. 무엇이든 다 공이고, 무엇이든 다 무이며, 부처도 성인도 없다. 이것이 바로 단멸의 마음이다.

[15단락]

## 39. 혹 큰 이치에만 국집하여 문득 장엄을 버린다.

**或執大理而頓棄莊嚴。**

**[해독]** 공성空性의 이치에 집착하여 만행장엄萬行莊嚴·불과장엄佛果莊嚴을 버린다.

**[선강]** 어떤 사람은 "큰 이치"에 미혹한다. 여기서 큰 이치는 일진법계이다. 일진법계 전체는 평등하고, 전체는 여여하다. 그래서 그는 장엄을 필요로 하지 않는다. 그러나 실제로는 이 일진법계 가운데 일체장엄을 갖추고 있고, 일체 정토의 장엄·부

66) 아홉째 필경공(atyanta-śūnyatā)은 또한 작지경공作至竟空이라 한다. 곧 유를 공으로 삼고, 무를 공으로 삼아 일체법을 깨뜨려 필경에 나머지는 없다고 여긴다.

처님 상호의 장엄도 모두 갖추고 있다.

## 40. 혹 점수설법에 미혹하여 일향으로 조작한다.

或迷漸說而一向造作。

**[해독]** 삼대 아승지겁에 점차 수행하여 성불한다는 유식·교학 등의 설에 침잠 미혹하여 불성을 단박에 깨칠 수 있음을 믿지 않고, 일향一向으로 유위有爲·조작造作의 행을 닦는다.

**[선강]** 어떤 사람은 저 부처님께서 "점수설법漸修說法"을 차제로 말씀하신 것에 미혹하여, 차제행次第行은 조작이고 조작한 후에 큰 이치에 증입證入하여 장엄을 갖춤을 모른다. 그래서 점수漸修를 설한 의의에 미혹하여 일향으로 조작하여 능조能造·소조所造가 있다고 여긴다.

[16단락]

## 41. 혹 일불성一佛性의 체에 의지해 모든 인연을 여의길 구하여 아집이 견고해진다.

或據體離緣而堅我執。

**[해독]** 일불성一佛性의 체가 진아眞我임에 집착하여 힘써 모든

인연을 멀리 여의길 구하여 결국 아집이 견고해진다. 바라문교에서 마음속의 "묘락아妙樂我" 등을 집착하는 것이 곧 이 부류에 속한다.67)

**[선강]** 어떤 사람은 체성이 있다고 여긴다. 이 체성은 "모든 인연을 여읜다."고 말한다. 나에게 본체가 있다는 관념이 생겨서 나에게 본체가 있다고 집착한다. 그러나 이 본체가 곧 참나이다. 그래서 나를 더욱 집착하여 아집이 견고해진다.

## 42. 혹 일체를 민절泯絶하여 자신의 어리석음만 지킨다.

或亡泯一切而守己愚。

**[해독]** 일체를 민절泯絶하여 무념무사無念無思를 지키니, 이는 우치愚癡이고 지혜가 아니다.

**[선강]** 일체 연기를 모두 사라지게 하고 자신의 우치를 지킨다. 이는 틀렸다.

---

67) "인도전통의 바라문교에서는 생명자체를 「아我」라고 여긴다. 이 아我는 실유實有인 것이고, 지식智識인 것이며, 묘락妙樂인 것이고, 상재常在하는 것으로 하나하나 유정有情의 본체인 것으로 여긴다. 이 유정有情의 「아我」는 우주본체의 「범梵」과 동일하다. 처음에는 이 「아」를 육체 즉 색인 것으로 여겼으나, 나중에 진아眞我로 발전되어 지식인 것, 묘락妙樂인 것으로 여겨졌다." _《인도불교사상사印度佛教思想史》, 인순법사

[17단락]

## 43. 혹 사람과 법은 저절로 그러하다 확신하여 무인외도無因外道에 떨어진다.

或定人法自爾而墮無因。

**[해독]** 사람과 만물은 종래 저절로 이와 같다고 확실히 생각하여 무인無因자연自然 외도[68]의 견해에 떨어진다.

**[선강]** 어떤 사람은 사람과 자연의 법계는 일체 본래 이러하다고 말한다. 그는 무인의 경계에 떨어진다. 인연 없이 저절로 나타난다고 말한다.

## 44. 혹 경계와 지혜가 화합한다고 집착하여 공견共見이 생긴다.

或執境智和合而生共見。

**[해독]** 능증能證인 지혜와 지혜의 소조所照인 경계가 절대 하나라고 집착하여 단지 공상共相을 보고 자상自相을 보지 못하는 "공견共見"에 떨어진다.

68) "무인외도無因外道는 만물은 인연 없이 저절로 생겨난다고 주장하는 인도 외도의 하나이다. 고대 인도에서는 무인론無因論이 성행하였다. 자연외도自然外道에서는 만물은 인연에 의지하지 않고 저절로 생겨난다고 주장한다. 무인외도와 같다." _《불광대사전》

**[선강]** 경계와 지혜가 화합하여 공견共見이 생긴다.

[18단락]

## 45. 혹 심경心境을 집착하여 뒤섞어서 능소能所의 법을 어지럽게 한다.

或執心境混雜，亂能所之法。

**[해독]** 심경일여心境一如를 집착하여 속마음과 바깥 경계, 능소가 뒤섞이게 한다.

**[선강]** 마음과 경계를 집착하여 뒤섞어서 그것이 능能인지 그것이 소所인지 구분이 또렷하지 않아 "능소의 법을 어지럽게 함"이 생겨난다.

**[보충]** 진실로 수도하는 사람이라면 세간의 과실이 보이지 않는다(若真修道人 不見世間過)." 육조 혜능대사께서는 이 두 구에서 실재로 진정으로 우리들을 일깨우신다. 《금강경》에 이르시길, "무릇 있는 바 상은 모두 허망하다(凡所有相，皆是虛妄)." 하셨다. 수도하는 사람에게 세간의 갖가지 과실이 언제나 보이면 그 망심이 전혀 사라지지 않았음을 알 수 있다. 바꾸어 말하면 능소能所를 버리지 못하였다. 과연 능소가 없어지면 소견인 세간과 능견인 중생이 같이 보이지 않는다. 능소를 같이 잊어야 그 자리가 도道이다.

고인께서는 "네거리에 한 사람도 그곳에 있는지 보이지 않는다." 하셨다. 공부가 이런 정도에 이르러야 바로 "허공이 부서지고 대지가 평평히 가라앉는다." 이때 세간과 출세간은 하나이고, 둘이 아니다. 그래서 만약 자신이 닦는바 도가 참된지 거짓인지 알고 싶다면 단지 자신에게 다른 사람을 대함에 과실이 보이는지 보이지 않는지 물어보면 곧 시험해볼 수 있다. 과연 일체중생의 과실이 확실히 보이지 않으면 자신에게 상당히 좋은 경계가 있다. 만약 자신에게 여전히 일체중생이 항상 과실을 범하는 것이 보이면 중생에게 과실이 있는 것이 아니라 자신의 번뇌 심소心所와 경계가 상응한 것이다. 그래서 자신의 과실이지 중생의 과실이 아니다.

_《육조단경六祖壇經 강기》, 정공법사

## 46. 진속이제를 분별함에 집착하여 참된 지혜를 방해하는 어리석음에 묶인다.

或著分別眞俗，縛智障之愚。

**[해독]** 진속이제眞俗二諦를 분별함에 집착하면 분별에 묶인 바가 되어 이것이 동일한 진리의 양면임을 모른다.

**[선강]** 말하자면 이는 진제와 속제를 분별하는 것이다. 실제로는 진제와 속제는 분별되지 않는다.

[19단락]

## 47. 일여불변一如不變을 지켜서 상견常見에 떨어진다.

或守一如不變而墮常。

**[해독]** 일여불변의 진여 혹은 불성을 사수하여 상견에 떨어진다.

**[선강]** 어떤 사람은 “일여불변一如不變”을 고수한다.69) 그는 나에게는 본성이 있는데, 이 본성은 일여불변으로 나는 그것을 지킨다고 말한다. 그러면 상견에 떨어진다.

## 48. 혹 사상四相은 변천하는 것이라 집착하여 단견에 가라앉는다.

或定四相所遷而沈斷。

69) “일상의 공부에 대해서는 앞 편지에서 이미 갈등이 적지 않았습니다. 다만 예전처럼 변동이 없을(不變不動) 뿐입니다. 경계가 오거든 그와 더불어 수작酬酌하면 저절로 경계와 내가 일여一如할 것입니다. 고덕께서 말씀하시길, 가고 머무름에 거리낌 없이 맡겨서 마음을 고요히 그 원류를 깨달을지니, 증득함을 말하자면 남에게 보일 수 없거니와 이치를 말하자면 증득하지 않으면 요달하지 못한다 하셨습니다. 스스로 증득하고 스스로 얻은 깨달음의 자리(悟處)는 타인에게 내보일 수도 없고, 비슷하게라도 들어낼 수도 없습니다. 오직 친히 증득한 사람이라야 간략하게 눈앞에 조금만 드러내도 피차에 묵묵히 서로 계합할 것입니다.” _《서장書狀》, 누추밀 중훈에게 답함

**[해독]** 생生·주住·이異·멸滅 사유四有는 서로 변천하여 머물지 않는다고 집착하여, 서로 비슷하게 상속하는 상대적으로 평온하고 안정한 상과 항상 진실하여 변하지 않는 것이 있음70)을 부정하여 이로부터 단견斷見에 떨어진다.

**[선강]** 사상四相은 생주이멸生住異滅이다. "침단沈斷"은 단멸견 가운데 떨어짐을 뜻한다.

[20단락]

## 49. 닦을 것이 없음에 집착하여 성위聖位를 물리친다.

**或執無修而祛聖位。**

**[해독]** 닦을 것이 없음·지을 것이 없음에 집착하여 결국 불과佛果를 증득할 인연이 없다.

**[선강]** 어떤 사람은 닦을 것이 없음에 집착하여 성위에 이르지 못한다. 닦을 것이 없음에 집착하면 줄곧 범부이다. 그래서 "성위를 물리친다." 하셨다.

---

70) "처음에 존재하게 됨을 생生이라 이름하고, 나중에 존재하지 않게 됨을 멸滅이라고 이름한다. 태어나서 서로 비슷하게 상속함을 주住라고 이름한다. 곧 이 상속이 전변함을 이異라고 이름한다. 이 때문에 사상四相은 모두 임시로 건립한 것이다." _《성유식론》

## 50. 혹 증득할 것이 있다고 말하여 천진天眞을 등진다.

或言有證而背天眞。

**[해독]** 불과佛果는 반드시 닦아서 얻는 것이라 집착하여 본래 있는 그대로 바로인 진실을 위배한다.

**[선강]** 어떤 사람은 소증所證이 있다고 여기는데, 그러면 천진天眞을 위배한다. 천진은 본래면목이고, 성위聖位는 닦는 바 없음의 닦음인 원만한 과위로 저절로 온다. 그러나 닦는 바 없음을 집착해서는 안 된다. 닦되 닦음이 없어야 비로소 옳고, 증득하되 증득함이 없어야 옳다. 만약 증득을 구함이 있으면 천진의 불성을 위배한다.

[21단]

## 51. 혹 의보와 정보에 취착하여 세간의 윤회에 따른다.

或耽依正而隨世輪回。

**[해독]** 실재한다고 여기는 객관세계와 주체인 중생을 취착하여 단지 업에 따라 윤회할 뿐이다.

**[선강]** 어떤 사람은 "의정依正" 법에 취착한다. "의依"는 의보依報이고, "정正"은 정보正報이다. 그래서 세상에 따라 윤회한다.

## 52. 혹 생사를 싫어하여 진해탈眞解脫을 상실한다.

或厭生死而喪眞解脫。

**[해독]** 생사를 싫어하여 출리해탈出離解脫에 급급하여 생사가 본래 공하여 심성을 밝게 보면 본래 해탈이고 진해탈眞解脫71)이라 함을 모른다.

**[선강]** 생사를 아주 싫어하여 진해탈眞解脫을 상실하고 생사가 본래 공적함을 모른다.

[22단]

## 53. 혹 진공眞空의 이치에 어두워서 인을 중시하고 과에 집착한다.

或迷眞空而崇因著果。

71) 일체번뇌장을 끊고 부처의 열반을 증득함을 말한다. 번뇌를 여읨(離縛)을 해解라 하고, 자재自在를 탈脫이라 한다. 부처의 열반은 법신 반야 해탈의 삼덕을 갖춘다. 지금 해탈의 덕 하나를 일러「해탈」이라 한다. 또한 이승의 해탈은 열반에 머무는 까닭에 진해탈이 아니다. 부처님은 대자비로 인해 열반에 머물지 않는고 또 대지혜로 인해 생사에 머물지 않고 곧 열반에 머물지 않는 까닭에「진眞」이라 한다. 《열반경》〈사상품四相品〉에 이르시길, "진해탈眞解脫이라 함은 바로 여래如來이니라." 《성유식론成唯識論》에 이르시길, "윤회하는 생을 계속되게 만드는 원인인 번뇌장煩惱障을 끊음으로 말미암아 진해탈眞解脫을 증득한다." 하셨다. _《불학대사전》

**[해독]** 진공의 이치에 어두워 유위有爲의 인과에 집착한다.

**[선강]** 어떤 이는 진공에 어두워 진공 안에서 방향을 잃고서 "인을 중시하고 과에 집착하는(崇因著果)"는 경계를 생성한다.

**[보충]** "인이 있으면 반드시 과가 있다. 무릇 근본을 통달하지 않고 여래진실의如來眞實義의 일체설법을 이해하지 못하여 비록 「인을 중시하고 과에 집착하여(崇因著果)」 망녕되이 '일체는 모두 공하지만 인과는 공하지 않다(一切皆空 , 因果不空)'고 말하는 이는 모두 「사종견해邪宗見解」에 속한다.」"

"당신도 방금 인이 있으면 반드시 과가 있다고 말하지 않았는가? 설마 「일체는 모두 공하여 인과는 공하지 않다」는 설법이 잘못이 있는가?"

"이법계理法界에서 말하면 그것은 정확히 불요의不了義로 사람들은 자심의 망어를 인식하는데 장애가 있다. 달마조사께서 이르시길, '자성은 진실로 인도 아니고 과도 아니다(自性眞實非因非果).'하셨다. 또한 이르시길, '심성은 본래 공하고 또한 더러움도 청정함도 아니다. 제법은 닦음도 없고 증득함도 없으며, 인도 없고 과도 없다.' 하셨다. 문수사리보살께서 말씀하시길, '일체업연은 모두 실제에 머물러 가지도 오지도 않고, 인도 아니고 과도 아니다(一切業緣皆住實際 , 不來不去 , 非因非果).' 하셨다. 이로 말미암아 마음의 본체(이법계)로부터 말하면 인과는 본래 공함을 알 수 있다. 학불學佛은 불성을 밝혀서 보기 위함으로 법을 강설하는 자는 매일 인과를 말하고, 성리심법을 말하지 않고 배우는 자로 하여금 인과에 떨어져 마음에 전도와 두려움이 생기니, 이는 어찌 잘못이 아니겠는가?" _《동방양희언도록東方陽熹言道錄》

[23단]

## 54. 혹 실제實際에 어두워서 부처를 좋아하고 마구니를 싫어한다.

**或昧實際而欣佛厭魔。**

**[해독]** 본래공적本來空寂 불마일여佛魔一如인 실제를 모르고 부처를 좋아하고 마구니를 싫어한다.

**[선강]** 어떤 사람은 실제에 어둡다. 실제는 바로 실상으로 부처를 좋아하고 밀교상사의 장엄을 좋아하며, 마구니를 싫어하고 마구니의 경계를 싫어한다. 이러면 평등하지 않다. 실상 가운데 부처와 마구니는 같아 구별이 없다.

**[보충]** 일발가(別錄云杯渡禪師作) 배도선사

"부처가 마구니가 되고, 마구니가 부처가 되니

거울 속의 그림자요, 물 위의 파도로다.

(魔作佛佛作魔。鏡裏尋形水上波)

마구니도 없고, 부처도 없으니
본래부터 삼세三世에 한 물건도 없다."
(亦無魔亦無佛。三世本來無一物)

[24단]

## 55. 혹 마땅함에 따라 설한 말에 집착하여 말을 지켜 진리로 삼는다.

**或著隨宜所說而守語爲眞。**

**[해독]** 부처님께서 근기(이해수준)에 따라 상황에 맞게 설하신 법에 집착하여 단지 불경의 문자를 구경의 진리로 삼는다.

**[선강]** 어떤 사람은 부처와 조사의 "마땅함에 따라 설한 말씀을 진리로 삼는다." 스승이 한 말, 혹은 부처님께서 설하신 말씀은 반드시 정확하고, 작년에 말한 것도 현재 여전히 옳다고 여겨 그것에 집착하는 것이 바로 "말을 지켜 진리로 삼는다." 이다. 말을 굳게 지키고 집착한다. 한번 한번의 말과 한번 한번의 작용은 말을 한 이후에는 그 말을 잊어버리고 정신을 차리고 털어내고 쓴다. 쓴 이후에는 또 뛰어넘어야 한다. 말을 지키고 진리로 삼아서는 안 된다.

[25단]

## 56. 혹 음성이 실상實相임을 잃고 말을 여의고 적묵寂默을 구한다.

或失音聲實相而離言求默。

**[해독]** 음성의 실상이 본래 적멸寂滅임을 모르고 단지 언어를 여의고 적묵寂默을 구하기만 한다.

**[선강]** 어떤 사람은 "음성실상音聲實相"을 잃어버리고, 음성이 실상이 아니라고 여긴다. 음성도 실상이다. 그는 말과 언어를 여의고, 말을 하지 않는다. 소주蘇州에 사는 안 거사는 줄곧 말을 하지 않길 구하면서 이것이 도라고 말한다. 이는 잘못이다. 침묵을 추구해서는 안 된다. 말과 침묵은 둘이 아니고 동시이다.

**[보충]** 성자실상聲字實相은 진언종 교리의 하나로 소리글자가 실상의 체임을 말한다. 또한 일체 음성문자의 자체는 실상만이 있을 뿐이다. 여래의 삼밀三密을 말하면 몸 말 뜻 삼업이 원래 평등하여 우주전체가 두루 가득하고, 곧 삼라만상이 모두 여래의 삼밀을 갖추고 있다. 이는 본유本有의 부처로 오직 중생이 깨닫지 못한 까닭에 여래께서 음성으로 가르침을 설하시고 문자로써 가르침을 깨닫는다. 그래서 소리글자가 여래의 어밀語密이고 여래의 신밀身密(실상, 즉 사물본래의 면목)과 완전히 평등한 까닭에 소리글자는 곧 본래 실상임을 안다. 또한 지수화풍공의 오대五大는

모두 일체 음향을 갖추고 있고, 십계는 모두 언어를 갖추고 있으며, 육진六塵에는 모두 문자가 있다. 법신이 바로 실상인 까닭에 성자실상은 「법불평등法佛平等」의 삼밀三密과 또한 중생이 본래 갖춘 만다라를 표시한다." _《정토대경과주淨土大經科註》 정공법사

[26단]

## 57. 혹 교승敎乘를 존숭하여 자성의 대정大定을 훼멸시킨다.

或宗教乘而毁自性之定。

**[해독]** 단지 불경에서 설한 법을 구경으로 삼고, "교외별전敎外別傳"의 자성대정自性大定을 헐뜯고 비방한다.

**[선강]** 이는 종하(宗下; 종승)과 교하(敎下; 교승)의 구별을 말한다. 교승은 바로 현교顯敎이다. 교승을 존숭함은 바로 현교를 좋아하여 현교를 근본으로 삼고 종취宗趣로 삼는다는 뜻이다. 그래서 자성의 대정을 훼멸한다. 줄곧 이해 상에서 문자 상에서 찾아 자성의 본정本定 · 자성의 대정大定을 훼멸시킨다.

**[보충]** "자성본정自性本定은 생멸이 없고 선정에 들지도 나오지도 않아 《능엄경》에서 말한 「수능엄대정首楞嚴大定」과 같다. 「성정性定」과 「수정修定」은 완전히 같지 않다. 성정性定은 닦는 것이 아니라 어느 날 문득 오온五蘊이 모두 공함을 비추어 볼 때 성정性定이

곧 현전한다. 아집我執이 공하면 번뇌장煩惱障이 사라지고 법집法執이 공하면 소지장所知障이 사라져서 자성본정自性本定이 저절로 현전한다." _《반야바라밀다심경강기般若波羅蜜多心經講記》, 정공법사

## 58. 혹 선관禪觀을 넓힌다며 요의了義인 진전眞詮을 배척한다.

或弘禪觀而斥了義之銓。

**[해독]** 단지 좌선입정坐禪入定만 중시하여 요의了義인 경교經教를 헐뜯고 비방하니, 어찌 교를 여읜 선이 맹선盲禪·치선癡禪이 됨을 알겠는가?

**[선강]** 어떤 사람은 선관禪觀을 홍양하고 선법禪法을 홍양하면서 경전을 반대하고, 문자를 반대하며, 부처님의 요의了義인 언어 요의了義인 도리를 반대하니, 이는 잘못이다. 선禪은 현교도 아니고 밀교도 아니다. 그것은 비현비밀非顯非密·교외별전教外別傳으로 부처님의 심수心髓이다. 정토종은 현교이자 밀교로 그 안에는 현교도 있고, 밀교도 있어 모두 포괄한다. 선종은 현교도 아니고 밀교도 아니며, 그것을 뛰어넘는다. 그래서 이 양변은 모두 치우친 견해라고 말한다.

[27단]

## 59. 혹 기특함에 다투면서 다만 몸 벗어나길 돌보다가 망식의 바다에 침몰한다.

或鬥奇特而但顧出身，俄沈識海。

**[해독]** 기특함을 드러내기 위해 오직 생하는 바(所生之處)를 돌보다가 이로 인해 망식의 바다에 침몰한다.

**[선강]** 어떤 사람은 기특함을 다투기 위해 다른 사람과 이야기하고, 맞붙으며, 기봉機鋒[72]을 서로 맞추면서 단지 자신의 말이 심오하여 다른 사람과 싸워서 패배시킨다고 느낄 뿐이다. 그러나 이러한 마음을 씀은 모두 식심識心분별로 기심機心을 지나치게 쓴다. 그러면 잠깐의 순간에 망식의 바다 속으로 가라앉고 산란한 지혜(狂慧)로 전도된다.

## 60. 혹 청결한 경계에서 현밀한 심성을 추구하지만, 오히려 색음 구역에 떨어진다.

或作淨潔而推求玄密，返墮陰城。

72) 기機는 수행에 따라 얻은 심기心機이고, 봉鋒은 심기의 활용이 날카로운 모양으로 선객禪客이 다른 이를 대할 적의 예민한 활용을 말한다.

**[해독]** 청정함을 추구하여 현밀玄密한 심성을 사고하고 연구하지만, 오히려 오취온五取蘊73) 가운데 떨어진다.

**[선강]** 어떤 사람은 자신은 청정과 공령空靈을 닦아 "청정 · 결백"한 경계 상에 머물러서 현밀한 경계를 추구한다고 말한다. 이 사람의 경계는 예를들면 이렇다. "아아, 앉으니 한 줄기 광명이 매우 청결한 경계이다." 이런 경계 안에서 도를 구하고 현밀한 심성을 구한다. 그러나 결국 오히려 색음구역 안에 떨어지고 만다. 정결한 땅 위에 머물고 현밀한 경계에서 머물지만, 오히려 도를 이루지 못한다. 나중에 점점 경계의 장애를 견딜 수 없고 자재하지 못하여 이런 경계를 떼놓지 못한다.

**[보충]** 《수능엄경》에 이르시길, "그대가 도량에 앉아 온갖 생각을 녹여 그 생각이 다한다면 모든 생각이 떨어져 나가서 일체가 뚜렷이 밝아지고 동정動靜에 좌우되지 않으며 억망憶忘이 하나가 될 것이다. 이곳에 머물러 있다가 삼마제三摩提에 들면 마치 눈 밝은 사람이 컴컴한 어둠에 처한 것 같아 진정한 본성은 묘하고 깨끗해도 마음은 빛을 발하지 못하니, 이것을 색음구우色陰區宇라

73) "유루有漏의 오온五蘊을 말한다. 취取란 취착取著의 뜻이다. 소승 유부小乘有部에서는 모두 번뇌의 다른 이름이고 대승 유식에서는 탐애의 다른 이름이다. 탐애의 번뇌로 사물을 취착하는 까닭에 취取라고 하고, 오온은 번뇌를 인으로 생기는 까닭에 취온取蘊(첫째 뜻)이라 하며 오온은 언제나 번뇌에 종속되는 까닭에 취온(둘째 뜻)이라 하며, 오온은 번뇌를 생할 수 있는 까닭에 취온(셋째 뜻)이라 한다." _《불학대사전》

한다.”

[28단]

## 61. 혹 수승한 지식이 일어나서 살을 도려내 종기가 된다.

或起殊勝知解而剜肉爲瘡。

**[해독]** 불법에 대해 수승한 지식이 생기나, 심성은 지식으로 증득할 수 있는 것이 아니므로 지식을 멈추어야함을 몰라서 살을 긁어 부스럼을 만드는 것과 같다.

**[선강]** 본래 우리는 지식은 공하고, 견지見地는 무견지라고 말한다. 만약 나의 견지가 특별히 좋고, 나의 지식이 특별이 수승하며, 나는 매우 많은 수승한 법을 획득하였다는 생각을 일으킨다면 멀쩡한 살을 긁어 부스럼을 만드는 것과 같다. 본성은 본래 청정하고 본래 지견이 없으며 본래 수승한데, 당신은 어떻게 이런 것을 만들겠는가?

## 62. 혹 본성이 청정함에 머물러서 약을 집착해 병이 된다.

或住本性淸淨而執藥成病。

**[해독]** 본성이 청정한 진심眞心 하나에 집착하니, 마치 약에

집착해 병이 되는 것과 같다. 청정한 본성에 본래 머물지 못함을 모른다. 《유마경》에 이르시길, "본성에 머무름이 없음으로 말미암아 일체법을 세운다(由無住本, 立一切法)." 하셨다.

**[선강]** 어떤 사람은 "본성이 청정함"에 머물러 이 지견 상에서 "약에 집착해 병이 된다." 왜냐하면 이 청정은 집착하는 것이 아니고, 머물 수 있는 것이 아니며, 당신이 청정하게 느끼면 이미 청정하지 않다. 그래서 "약에 집착해 병이 된다." 하셨다. 왜냐하면 그는 염오染污가 있기 때문이다. 그래서 부처님께서는 본성은 청정하다 말씀하셨다. 만약 당신이 이미 본성으로 돌아갔다면 부처님께서 본성이 청정하다 말씀하시지 않을 것이다. 부처님께서는 청정과 염오는 둘이 아니고, 모두 가명으로 청정함과 청정하지 않음은 없다 하셨다. 이러한 경계를 뛰어넘어야 한다.

[29단]

## 63. 혹 글을 찾고 뜻을 살펴보니 손님 물만 마신다.

或尋文探義而飮客水。

**[해독]** 불경의 문자에 집착하여 "법은 문자를 여읨"을 모르니 마치 (다른 곳에서 끌어온) 손님 물을 마시는 것과 같다.

**[선강]** 바깥에서 문자를 찾고 그 의미를 탐색하는 것은 바로

손님 물만 마시는 것으로 근원에서 끊임없이 나오는 물인 자신의 물을 마시는 것이 아니다.

[30단]

## 64. 혹 고요함을 지키고 한적한 곳에 있으며 법진法塵에 앉는다.

或守靜居閑而坐法塵。

**[해독]** 고요하고 텅빔(寂靜閑曠)을 도道라고 사수하고, 고요하고 한적할 줄 몰라 의식이 마치 법진法塵을 분별하는 형상에 있는 것 같다. 《능엄경》에서 이르시길, "온갖 생각이 녹아서 떨어지고(銷落諸念)"74), "자기 안을 향해 그윽하고 한적한 경계를 지킨다고 하더라도(內守幽閑), 이는 여전히 의식이 하나의 법진法塵을 갖가지로 분별하는 그림자일 뿐이다(猶爲法塵分別影事)." 하셨다.

**[선강]** 어떤 사람은 고요한 경계를 지키며, 자신은 텅 비고 한가하여 일이 없음을 좋아하여 마침내 법진法塵 속에 머문다. 이렇게 고요하고, 이렇게 한가하며, 이렇게 편안한 것이 바로 법진法塵이다. 이 법진에 머무르면 진로塵勞와 견주어 해탈하기 더 어렵고, 떼어놓기 더 어렵다.

**[보충]** 감산대사憨山大師께서는 스물여덟 살 때부터 도처를 돌아

74) 남회근 국사

다니며 공부했는데 반산盤山 정상에 이르니, 띠로 이은 움막이 하나 있었습니다. 그 안에서는 스님 한 명이 타좌를 하고 있었는데, 그는 감산이 들어와도 거들떠보지 않았습니다. 감산은 그 스님이 밥을 먹으면 따라 먹고 차를 마시면 따라 마셨습니다. 그 후부터 식사 시간이 되면 감산이 밥을 짓고 차 마실 시간이 되면 감산이 차를 끓였습니다. 그렇게 같이 먹고 마시고 나서 감산은 혼자서 수행에 정진했습니다. 이렇게 이레째가 되던 날 그 스님이 감산에게 말했습니다. "내가 이 암자에 삼십 년을 있는 동안 오늘에야 비로소 엇비슷한 친구를 만났구나." 어느 날 저녁은 죽을 먹은 뒤 보통 때처럼 산정에서 향을 피우고 있는데 그 자리에 선 채로 입정入定 상태에 들어가게 되었습니다. 감산이 느끼기에 온 세상이 빛 속에 있는 듯한, 바로 「온갖 생각이 녹아서 떨어지는(銷落諸念)」 경계였습니다.

그가 움막으로 들어서자 그 스님이 한번 힐끗 보더니 이렇게 말했습니다. "내 자네에게 일러주지. 그게 바로 색음구우色陰區宇야. 자네가 도달한 경계는 그 정도에 지나지 않아. 이 노승은 여기서 삼십 년 동안 밤마다 수행이 그 경계에 있었지. 뭐 그리 신기할 게 있어? 젊은이 그건 그렇게 어렵기도 하지만 또 그렇게 쉽기도 한 거야." 그 노승은 삼십 년을 밤마다 불도佛道를 닦으면서 몸과 마음을 모두 잊어버린 상태에 있었습니다. 여러분 수행자라면 주의해야 합니다. 아직도 색음구우의 초반에 있어서 눈을 감아도 칠흑 같은 어둠뿐이라면 거기서 그냥 맹목적으로 수행하고

있는 것입니다. _《불교수행법강의》, 남회근 국사

[31단]

## 65. 혹 얻을 것이 있다는 마음을 일으켜 무상의 대승을 이야기한다.

或起有得心，談無相大乘。

**[해독]** 얻을 것이 있다는 마음이 있어 무상의 대승을 말함은 반야경에서 말하는 "무소득無所得"의 뜻에 위배된다.《반야심경》에 이르시길, "얻을 것이 없는 까닭에 보리살타는 반야바라밀다에 의지한 까닭에 아뇩다라삼먁삼보리를 얻는다." 하셨다.

**[선강]** 어떤 사람은 얻는 대상이 있다고 여겨, "나는 도를 얻어야 하고, 나는 깨달아야 하며, 나는 어떤 경계이든 증득해야 한다."고 말하고, 그런 후에 "무엇이든 다 공이고, 무엇이든 다 얻을 수 없다고 말한다. 결국 이는 모순이다. 한편으로는 얻을 대상이 있다는 마음이고, 한편으로는  금강승과 선종을 닦는 것과 같은 무상의 대상을 말한다. 한편으로는 얻을 것이 없고 증득할 것이 없으며 닦을 것이 없다고 말하지만, 한편으로는 당신은 날마다 얻을 것이 있고 성취하여야 하기에 "나는 깨달아야 하고 나는 어떻게 해야 하며 경계는 수승하여야 한다."고 생각한다. 결국 인과에 위배된다.

## 66. 혹 사량복탁하는 생각을 움직여 물외物外의 현지玄旨를 탐구한다.

**或運圖度想，探物外玄旨。**

**[해독]** 사유 · 계도計圖 · 탐구하는 생각으로써 사유 · 계도의 법성을 뛰어넘으려 하나, 법성은 모름지기 사유 · 계도를 뛰어넘어 자내증自內證[75]이어야 함을 모른다.

**[선강]** 어떤 사람은 늘 생각한다. "도탁圖度"은 계도計圖 · 복탁卜度[76]이다. 사물 바깥에 있는 현묘한 종지를 탐구하여, 일체 사물이 본래 불성이고 상相이 곧 성性임을 모른다.

**[보충]** 《대승찬大乘讚》, 지공화상誌公和尙

있다 없다, 내 스스로 만든 것이니
망심으로 사량복탁 애쓰지마라
(有無我自能爲 不勞妄心卜度)

중생의 몸 허공과 같은 것이니
번뇌가 어디에 붙을 것인가

---

75) 자내증自內證이란 자기의 내심을 깨달은 것을 말한다. 《입능가경》에 이르시길, "법은 자내증이며 따라서 언설을 초월한 것이고 언설로서는 나타낼 수 없다." 하셨다.

76) 가지가지 사량분별思量分別로 사리事理를 따짐을 뜻한다.

(衆生身同太虛 煩惱何處安著)

아무 것도 바라거나 구함 없으면
번뇌는 자연히 없어지리라
(但無一切希求 煩惱自然消落)

[32단]

## 67. 혹 언설을 폐하여 절대 언설할 수 없다는 견해를 일으킨다.

或廢說起絶言之見。

**[해독]** 법성은 절대 언설할 수 없다고 집착한다. 《유마경》에 이르시길, "이런 까닭에 사리불이여, 문자를 여의면 해탈을 말할 수 없다. 왜 그런가? 일체제법은 해탈상이니라(是故舍利弗 無離文字說解脫也。所以者何？ 一切諸法是解脫相)." 하셨다.

**[보충]** 그래서 사리불이여, 당신은 문자상을 떼어놓고 해탈을 말해서는 안 된다. 문자상이 바로 해탈상이다. 문자를 말함은 바로 언설이 있음이고, 언설상은 바로 해탈상이다. 문자상이 해탈상일 뿐만 아니라 언설상도 해탈상이다. 일체제법의 당체가 모두 해탈상이니, 이는 바로 당신이 깨달았는지 깨닫지 못했는지 보는 것이다. 당신이 깨닫지 못했다면 불법을 배워도 해탈을 얻지 못하고, 당신이 깨달았다면 일체범부의 법도 모두 해탈상이다.

_《유마힐소설경강기維摩詰所說經講記》 도원 장로

**[선강]** 어떤 사람은 일체 언설은 모두 허망하다고 말한다. 언설은 모두 임시적이고 불경의 문자도 임시로 시설한 것이라는 삿된 견해를 일으킨다.

## 68. 진전眞詮만 보존하니, 손가락에 집착하여 달로 여긴다는 비난을 초래한다.

或存詮招執指之譏。

**[해독]** 문자로 드러내어 강술한 불법을 구경이라 집착하니, 이는 달을 가리키는 손가락을 달이라 여기는 것과 다름없다.

**[선강]** 어떤 사람은 문자의 도리만 보존하여 그것에 집착한다. 다른 사람에게 법을 물어볼 때 언제나 문자 이치를 가지고 다른 사람에게 묻는다. 그러면 당신은 여전히 손가락에 집착하여 머물러서 저 달을 모른다. 만약 당신이 이 달을 안다면 손가락 끝을 말할 필요가 없이 직접 사람에게 달을 말해 깨닫게 할 수 있다. 그렇지 않으면 손가락에 집착하여 달로 여긴다는 비난을 초래하고, 사람에게 조소를 당할 것이다. "아니, 너는 모두 문자 이치를 가지고 내게 묻는 것이냐? 너 자신이 마음으로 체험한 것을, 너 자신의 달을 털어놓고 내게 보여주시게!"

[33단]

## 69. 혹 움직임과 쓰임의 마음을 불성이라 여기나, 생멸의 근원 가운데 처함을 모른다.

**或認動用而處生滅根源。**

**[해독]** 움직이고 쓸 수 있는 마음을 불성으로 여기나, 이는 생하고 멸하는 망심妄心인줄 모른다.

**[선강]** 어떤 사람은 움직임과 쓰임(動用)의 마음을 불성이라고 여긴다. 그러나 움직임 없음의 움직임(無動之動)·쓰임 없음의 쓰임(無用之用)을 체득하지 못하면 곧장 생멸의 근원 가운데 처하고, 생하고 생하며 멸하고 멸하여 요달할 기한이 없다.

**[보충]** 《수능엄경》에 이르시길, "셋째 이 사람은 육식(六根)과 말라식(末那識, 七識)과 집수식(執受識, 八識)을 궁구하여 심心·의意·식識 가운데 본원에 처함으로 말미암아 성품이 항상한다고 여긴다. 다만 이것에 의지하여 수행하는 까닭에 팔만 겁 가운데 일체 중생이 순환하여도 잃지 않고 본래부터 상주하여 궁진하여도 그 성품을 잃지 않는다고 헤아려 항상 한다고 여긴다." (천석) 셋째 마음이 항상한다 헤아림이다. 이 사람은 육근 가운데 갖추어진 육식六識과 항상 살피고 사량복탁하는 칠식(말나식), 안으로 근신根身과 밖으로 기계器界에 종자를 집수執受하는 팔식(아뢰야식)을 궁구하고자 이 팔식의 심·칠식의 의·안이비설신의 육식

등의 생멸근원에 처함으로 말미암아 그 성품이 항상 불변한다고 여겨서 이것이 단지 행음行陰 상속의 상相임을 모른다. 다만 그는 심·의·식의 관법觀法을 닦기 때문에 팔만겁 내에 일체중생이 여기서 죽고 저기에 태어나 전전순환하여도 아직도 전혀 산실한 적이 없고 심·의·식이 두루하여 항상 불변한다고 여긴다.

_《대불정수능엄경천석大佛頂首楞嚴經淺釋》 선화상인宣化上人

## 70. 혹 전일하게 기억하여 상온·식온의 변제에 머문다.

**或專記憶而住識想邊際。**

**[해독]** 기억할 수 있음을 불성이라 여기고, 이는 의식 및 아뢰야식의 공능이 상온想蘊·식온識蘊에 속함을 모른다.

**[선강]** 항상 경전 논서를 기억하고, 일체불법을 기억하며, 어떤 이치를 기억하면서 상온想蘊과 식온識蘊의 변제邊際에 머문다.

**[보충]** 《수능엄경》에 이르시길, "아난아! 이러한 오수음五受陰은 다섯 가지 망상을 이루는 것이다. 네가 이제 그 인계因界의 깊고 얕음을 알려고 하느냐? 오직 색色과 공空은 색음의 변제이고, 접촉과 여윔은 수음의 변제이며, 기억과 망실은 상음의 변제이고, 소멸과 생성은 행음의 변제이며, 맑음에 들어가고 맑음에 합하는 것은 식음의 변제이다(阿難。是五受陰 五妄想成。汝今欲知因界淺深。唯色與

空 是色邊際。唯觸及離 是受邊際。唯記與妄 是想邊際。唯滅與生 是行邊際。湛入合湛 歸識邊際)." 하셨다.

이는 오음의 총결로 다섯 가지 망상을 이루는 것이다. 이 다섯 가지는 바로 중생이 받는 보법報法이다. 이 다섯 가지를 받아 진성眞性을 덮는 까닭에 오수음五受陰이라 하고 오취온五取蘊이라 한다. 일체중생은 이理를 취하여 자체로 여기지 않음이 없는 까닭에 오온의 몸을 오온환구五蘊幻軀라 하고 또 오음신五陰身이라 한다. 이로 말미암아 관하면 오음은 비록 얕고 깊고 거칠고 미세함이 다를지라도 요컨대 모두 망상을 이루는 것으로 모두 진심본유가 아니다. ……

교광交光법사께서 이르시길, 지금 고훈古訓을 고찰컨대 십팔계에서 계界라 함은 인因의 뜻이다. 제법이 생겨남은 땅이 물질을 낳아서 땅이 물의 인이 되는 것과 같다. 지금 오음은 계의 개합開合인 까닭에 인계因界라 하니, 단지 음의 다른 이름일 뿐이다. 천심淺深은 바로 변제의 얕고 깊음으로 오음을 거쳐서 각각 있다. 이를테면,

첫째, 색음色陰에서는 유상이 색이고 무상이 공이니, 만약 색상을 여의면 마음에 공정空淨이 깃든다. 조가祖家에서는 일색변一色邊이라 하고, 유식에서는 공일현색空一顯色이라 한다. 이로써 알지니, 색을 다해도 공을 다하지 않고, 모두 색음의 변제로부터 벗어나지 않아 일체 공인空忍은 모두 구경이 아니다.

둘째, 수음受陰에서는 취착을 촉觸이라 하고 염사厭捨를 리離라

하니, 모든 취착을 끊어도 염사를 잊지 않아 이는 사수捨受에 머물러 있는 것 같다. 그래서 부처님께서는 환을 여읜 후에 다시 여읨을 여윔(離離)을 가르친다. 이로써 알지니, 촉을 다할지라도 리離를 다함이 아니고, 이것도 또한 색음의 변제로부터 벗어나지 않아 일체 배사背捨는 모두 구경이 아니다.

셋째, 상온想陰에서는 유념을 기억하고 무념을 망실하여 모든 생각을 제거하여도 무념을 잊지 않아 이는 정념靜念의 한가운데 머무는 것이다. 그래서 부처님께서는 유념이든 무념이든 모두 미혹번민으로 돌아간다 하셨고, 조사께서는 무심이 바로 도라고 하지 말라 무심은 한 겹 관關의 간격과 같다 하셨다. 이로써 알지니, 기억을 다할지라도 망실을 다함이 아니고, 또한 상음의 변제로부터 벗어나지 않아 일체 무상無想은 모두 구경이 아니다.

넷째, 행음行陰에서는 미위迷位는 산심추행散心麤行을 생상生相으로 여기고, 수위修位는 정심세행定心細行을 멸상滅相으로 여긴다. 그러나 이 미세한 행은 멸과 비슷할 뿐 멸이 아니니 여전히 맑고 어지러움이 미세하게 움직여 선정에 든 사람이 손톱과 머리카락이 자라는 것을 면하지 못하고 이를 증험함으로 족하다. 이로써 알지니, 생을 다할지라도 멸을 다하지 않고, 또한 행음변제를 벗어나지 않아 일체 멸정滅定이 모두 구경이 아니다.

다섯째, 식음識陰에서는 유입有入을 담입湛入으로 여기고 행류行流가 다해 없어져서 멸은 식의 바다로 돌아간다. 합습자는 부동의 뜻인 즉 급히 흘러서 그 흐름을 보지 못한다. 이에 맑은 경계에 합하면 분제分劑로 얕음이 아니고 진실로 비로소 담입이라 말하고 특히 행음이 바야흐로 소멸하여 식의 바다에 처음 들어감을 나타낸다. 이에 위位가 이미 칠신七信에 상당하고 사과四果와 같다. 원통하여 바로 문과 소문이 다함에 있어 마침내 합담合湛이라 말하고 또한 식해구정識海久停, 담명정극湛明淨極이라 이름한다. 비록 담입의 추가가 있을지라도 확실히 식경識境에 있고 모두 가장 미세한 사상으로 옮겨짐을 면하기 어렵다. 이로써 알지니, 담입을 다할지라도 합담으로 자라지 못하고, 또한 식음변제를 벗어나지 못하여, 이른바 청광조안清光照眼이라도 집을 잃은 것과 같아 일체 명백법신明白法身이라도 아직 구경이 아닌 것과 같다.

이로써 총 비교하여 인과의 얕고 깊음이란 만약 단지 색이 색임을 알고 공 또한 색임을 모르는 이는 색계를 얕게 아는 사람이다. 이와 같이 내지 단지 담입을 식으로 알아 합담 또한 식임을 모르면 식계를 얕게 아는 사람이고, 담입과 합담이 모두 식이라 아는 사람은 식계를 깊이 아는 사람이다. 이는 곧 오중 망상을 발휘하여 가위 그 경계를 극진함이다!

_《대불정수능엄경강의大佛頂首楞嚴經講義》 원영대사

[34단]

## 71. 혹 애써 안배하여 원각의 성품을 잃어버린다.

或安排失圓覺之性。

**[해독]** 유위有爲의 작의안배作意安排를 지어 원각자연圓覺自然으로 조작의 필요가 없음을 모른다. 《원각경》의 네 가지 병통 가운데 "짓는 병통(作病)"을 범한다.

**[선강]** 어떤 사람은 일부로 좌선을 안배하여 열심히 노력하고, 어떻게든 관조하여 수도하는 부분을 늘 안배한다. 그래서 마침내 원각圓覺의 성품을 잃어버린다. 본래 원각은 현성現成[77]으로 행주좌와 일체사물은 본래 바로 원각이니, 본래 고의로 안배해서는 안 되고 인연에 수순하여 세월을 보내며 동쪽에서나 서쪽에서나 이쪽이나 저쪽이나 모두 한결같고 아침부터 저녁까지 모두 한결같다. 애써 안배할 필요가 없이 기연에 따라 현현할 뿐이다. 끝내 애써 안배하면 오히려 원각의 성품을 잃어버린다.

**[보충]** 《원각경》에 이르시길, "만약 또 어떤 사람이 나는 본심本心에서 갖가지 행을 지어 원각圓覺을 구하고자 한다. 이와 같이

77) 일체 현상의 있는 그대로의 모습이 곧 진리 그 자체라는 의미이다. "시장하면 밥 먹고 곤하면 잠드나니 무심하여 온갖 경계에 한가롭나니, 다만 내 본분의 일 의지하여서 그 언제나 있는 그대로 지키며 사네(飢食困來眠無心萬境閑 但依本分事 隨處守現成)." _백운白雲선사

말한다면 저 원각의 성품은 지어서 얻는 것이 아닌 까닭에 병통이라고 말하느니라."

## 72. 혹 멋대로 그 마음을 맡겨 입도入道의 문을 이지러지게 한다.

或縱任虧入道之門。

**[해독]** 멋대로 그 마음을 맡겨 자신을 도라고 제약하지 않아 입도入道의 가장 우선사항이 엄격히 자신을 제약하는 것임을 모르고 《원각경》의 네 가지 병통 가운데 "맡기는 명통(任病)"을 범한다.

**[선강]** 멋대로 맡김과 인연에 수순함은 같지 않다. 인연에 수순함(隨緣)은 본성이 움직이지 않고, 멋대로 맡김(縱任)은 바로 경계에 끌려 다니는 것이다. 끝내 경계에 따라 동분서주하여 "입도의 문을 이지러지게 한다." 도에 들어가지 못하고 바깥으로 벗어나게 된다.

**[보충]** 《원각경》에 이르시길, "만약 또 어떤 사람이 우리는 지금 생사도 끊지 않고 열반도 구하지 않으며, 열반과 생사가 일어남도 없고 생각도 끊어져서, 저 일체를 모든 법성에 따라 맡겨서 원각을 구하려고 한다, 이와 같이 말한다면 원각의 성품은 맡겨서 있는 것이 아닌 까닭에 병통이라고 말하느니라."

[35단]

## 73. 혹 몸과 마음을 일으켜 정진하나 유위有爲에 막힌다.

或起身心精進而滯有爲。

**[해독]** 집착하는 마음으로 정진을 일으키면 진심을 깨달아야 진실한 정진임을 모른다. 《법구경》에 이르시길, "만약 정진하는 마음을 일으키면 이는 망상으로 정진이 아니다. 마음에 망상을 짓지 말아야 정진에 끝이 없다." 하셨다.

**[선강]** 어떤 이는 "몸과 마음을 일으켜 정진한다." 필사적으로 좌선 · 예불 · 공부하고, 굳은 의지로 정진한다. 처음 배우는 이에 대해서 말하면 그렇게 할 수 있는 것이 좋다. 만약 본성을 잘 알면 이렇게 해서는 안 된다. 그러면 "유위법에 막힌다." 차제次第상에 떨어져 유위有爲에 집착한다.

## 74. 혹 진성에 맡겨 일 없음만 지켜 지혜의 속박에 가라앉는다.

或守任眞無事而沈慧縛。

**[해독]** "일없는 사람(無事人)" 노릇을 하느라 집착하여 심성의 묘용을 발휘할 줄 몰라 편공偏空의 지혜에 얽매이게 된다.

**[선강]** 어떤 사람은 나의 이 본성은 진실하고 나는 본래 일이

없음에 집착하여 각조覺照 공부를 하지 않는다. 그러면 지혜에 얽매인 바가 되어 득도하지 못한다. 바로 그는 사事 상에서 연기緣起하는 가운데 득력하지 못하고 각조의 역량이 없다.

**[보충]** 그대들은 먼저 모든 반연을 쉬어라. 만 가지 일을 쉬고 선과 불선, 세간과 출세간의 일체제법을 기억하지 말고 반연하여 생각하지도 말라. 몸과 마음을 탁 놓아서 자유롭게 하고 마음은 목석처럼 분별하는 것이 없게 하라. 마음이 행하는 바가 없어서 마음의 바탕이 허공과 같이 되면 지혜의 태양이 스스로 나타나니, 마치 구름이 흩어지면 태양이 드러나는 것과 같으리라. 분별망상도 모두 쉬고 온갖 반연과 탐욕·성냄·애욕 취착의 더럽고 깨끗한 망정이 다하면 오욕이나 팔풍을 대하여도 견문각지에 얽매이지 않고 모든 경계에 미혹되지도 않아서 저절로 신통묘용을 구족한다. _《전등록》 마조의 법손, 홍주 백장산 회해선사

[36단]

## 75. 혹 오롯이 생각에 매여 정수正受를 잃는다.

或專繫念勤思而失於正受。

**[해독]** 단지 불법의 의리를 부지런히 사고하여 선정에서 수용을 얻지 못한다.

**[선강]** 어떤 사람은 언제나 문제를 생각하고 고려하며, 불법의 도리를 생각한다. 그래서 삼매정수三昧正受·안락정수安樂正受·공령정수空靈正受가 당신에게 없다. 본래 학불하는 사람은 매우 청정하고 공령하며 안락한다. 그러나 끝내 생각과 배움이 너무 많으면 오히려 두뇌가 혼란하여 정수正受가 없다.

## 76. 혹 무애자재를 본받아 수행을 놓아버린다.

或效無碍自在而放舍修行。

**[해독]** 아직 심성을 밝히지 못하였건만, 성인의 무애자재를 본받아 수행을 방기한다.

**[선강]** 어떤 사람은 자신이 무애자재에 이르지 못했지만, 무애자재를 학습하여 파도를 타고 물결을 따라 곳곳에서 업을 짓는다.

[37단]

## 77. 혹 결사結使를 따르면서 본성이 공함을 믿는다.

或隨結使而恃本性空。

**[해독]** 번뇌가 본래 공함을 집착하여 번뇌를 따라 달리고 관조하

여 대치하지 않는다.

**[선강]** 결사結使란 무엇인가, 이사利使와 둔사鈍使로 바로 번뇌이다.[78] 날마다 번뇌에 따라 나의 본성은 본래 공하여 긴장할 필요가 없다고 여긴다. 이는 곧 전도顚倒된 것이다. 만약 번뇌가 없다면 본성은 확실히 공하다. 공에 머물지 않고 번뇌에도 머물지 않으면 그것이 본성광명本性光明이다.

## 78. 혹 전개纏蓋에 집착하여 망령되이 끊어 없애려 한다.

**或執纏蓋而妄加除斷。**

**[해독]** 번뇌실유에 집착하여 적대하는 태도로써 억지로 끊고 제거하려 한다.

**[선강]** 갖가지 개장蓋障[79]은 모두 자신의 분별 집착에서 온다. 분별집착이 없으면 그것도 사라진다. 그러나 당신은 나에게 이런

78) "십사十使 번뇌는 첫째 신견身見, 둘째 변견邊見, 셋째 견취見取, 넷째 계취戒取, 다섯째 사견邪見인데 이상 다섯 가지는 이사(利使; 예리한 번뇌)가 된다. 이후의 다섯 둔사(鈍使 ; 둔한 번뇌)는 견제見諦에서 끊어지는 번뇌로 여섯째 탐냄, 일곱째 성냄, 여덟째 어리석음, 아홉째 아만, 열째 의심인데, 이 다섯 가지 둔사는 능히 행에 따른 사事에 미혹된다. 이 십사十使 중 다섯 이사利使는 수다원이 견제見諦 뒤에 조복시켜서 일어나지 않으며, 나중 다섯 둔사鈍使는 희박해진다." _《신화엄경론新華嚴經論》 제18권

79) 번뇌장(煩惱障)과 소지장(所知障)의 총칭하는 말.

저런 번뇌가 있다고 여겨 의도적으로 끊으려고 한다. 예컨대 탐개貪蓋·진개嗔蓋·수면개睡眠蓋·도거개掉擧蓋·회의개懷疑蓋 등등을 의도적으로 끊으려고 하면 오히려 병이 증가하고 집착이 증가한다.

[38단]

## 79. 혹 법을 소중히 지켜서 법애法愛의 마음을 낸다.

或保重而生法愛。

**[해독]** 이해의 대상(所解)인 불법과 봄의 대상(所見)인 심성에 집착하여 법애法愛[80]를 일으켜 장애를 이룬다.

**[선강]** 어떤 사람은 어떤 경계, 어떤 법을 소중히 지켜서 법애를 일으키고 법애에 걸린다.

**[보충]** "수행인이 처음 반야의 이치를 밝히는데, 대부분 해오解悟에 속한다. 비록 그 이치를 밝혀도 반조返照할 수 없어 아집을 깨뜨리지 못하고, 이理는 사事에 계합하지 못하며, 역용力用을 일으키지 못한다. 예전 그대로 인연에 따라 유전하여 지해知解의 무리가 된다. 더 심한 자는 이해한 바의 공리에 편집하여 인과를

80) 자신이 깨달아서 선법善法에 애착하는 것 보살의 십지 가운데 제 4지에서 이 법애가 사라진다.

중시하지 않고 망녕되이 조작을 일으켜, 오히려 악도의 인을 심은 것은 법의 과실이 아니라 사람의 잘못이다. 이로 인해 해오가 있는 자는 마땅히 자심을 돌이켜 관하고 때때로 자성하여 작은 것을 얻어 만족해서는 안 되고, 또 우쭐거리며 뽐내면서 깨달음이 있고 얻음이 있다고 여겨서는 안 된다. 이런 견해에 한번 떨어진 자는 마땅히 아집의 뿌리가 여전히 존재함을 알아서 마땅히 힘써 참구하여야 한다. 대덕께서는 큰 깨달음은 열여덟 차례이고, 작은 깨달음은 그 수를 알지 못한다고 하셨다. 말법의 사람은 지혜가 얕고 집착이 무거워 확철대오를 구하고자 하면 스스로 노력을 배가해야 하고, 얕게 맛보고 곧바로 그만두어서 자신을 속이고 남을 속여서 보살도의 일편 고심을 저버려서는 안 된다." _조월曹越

"성품이 바로 봄(見)이고 봄이 바로 성품이 봄이니, 성품으로써 다시 성품을 보지 말라. 또 들음(聞)이 그대로 성품이니 성품으로써 다시 성품을 듣지 말라. 만약 그대가 성품이라는 견해를 내어 능히 성품을 듣고 능히 성품을 보아서 문득 같다거나 다르다는 법이 생겨난다. … 중생이 법계에 들지 못하고 부처가 법계를 벗어나지 못한다. 그래서 법성은 가고 옴이 없으며 능히 보는 것도 보는 대상도 없다. 능히 이와 같아서 어떤 도로 인해 내가 보고 내가 듣겠는가?" _《전심법요傳心法要》

## 80. 혹 교만한 마음으로 하잖게 여겨 성불의 정인을 허물어뜨린다.

或輕慢而毁佛因。

**[해독]** 교만한 마음으로 불성佛性을 하잖게 여겨서 성불의 정인正因을 허물어뜨린다.

**[선강]** 어떤 사람은 교만한 법으로 법을 경시하고 스승을 무시하며 장엄된 경계를 하잖게 여겨서 끝내 성불의 정인이 허물어 없앤다.

## 81. 혹 나아가고 구하니, 본심을 거스른다.

或進求而乖本心。

**[해독]** 얻는 바가 있다는 마음으로써 수승한 과위로 나아가고 구하면 자연의 본심에 위배된다.

**[선강]** 만약 당신에게 나아감도 있고 구함도 있으면 , 즉 나는 수행하여 진보가 있어 하루하루 더 좋아져야 하고 나는 어떤 과위를 구해야 한다면 본심에 위배된다.

## 82. 혹 불성을 잃고 악도에 떨어지니, 방일을 이룬다.

或退墮而成放逸。

**[해독]** 정진수행하지 않고 방일하며 멋대로 맡겨 마침내 불성을 잃고 악도에 떨어진다(退墮).[81]

**[선강]** 어떤 사람은 닦지도 노력하지도 않으면서 방일한다. 날마다 잠을 자고, 날마다 번뇌 망상을 일으킨다.

[39단]

## 83. 혹 말한 것과 증득한 것이 서로 어긋나 실제 자리를 어그러뜨린다.

或語證相違而虧實地。

**[해독]** 설한 것과 증득한 것이 일치하지 않아 진여실제眞如實際에 위배된다.

**[선강]** 어떤 사람은 당신이 말한 것과 증득한 것이 서로 위배된다. 즉 말한 것은 말한 부분과 증득한 부분은 각각이다. 그러면

81) 불성을 잃어버리고 악도에 떨어짐을 가리킨다. 《결정장론決定藏論》 상권에 이르시길, "만약 다시 태어나지 않으면 어찌 불성을 잃고 악도에 떨어지겠는가(若不更生 云何退墮)?" 하셨다.

실제자리(實地)의 공부 · 실제자리의 경계와 공덕을 어그러뜨린다.

**[보충]** "자기본성의 실제자리(實地)를 직접 밟아 안온한 곳에 이른 때에는 마음속에 헛된 공부가 없어 빈틈없고 끊임없어 실낱만큼도 새지 않고 그대로 맑고 고요하여 불조도 알 수 없고, 마구니와 외도와도 제휴하지 못한다. 이것은 스스로 머문 바 없음의 대해탈에 머묾이니, 비록 겁이 궁진하여도 또한 여여한 경지(如如地)이거늘 하물며 다시 육진에 반연함이 있겠는가."

_《원오심요圓悟心要》

## 84. 혹 체와 용에 각각 근거로 삼으니, 불승佛乘과 어긋난다.

**或體用各據而乖佛乘。**

**[해독]** 체와 용을 분할하여 대승불법과 서로 어그러진다.

**[선강]** 어떤 사람은 체는 체이고, 용은 용이라고 갈라놓아 불승에 위배된다. 체는 이理이고, 용은 사事라고 갈라놓고, 체는 공空이고 용은 유有라고 갈라놓으면 불승에 위배된다.

[40단]

## 85. 혹 고요함만 지키고 공空에 머물러 대비大悲의 성품을 잃는다.

或守寂而住空，失大悲之性。

**[해독]** 공적空寂에 치우쳐 지켜서, 자애심을 일으키고 대비심을 운영하여 중생을 제도할 줄 모른다.

**[선강]** 어떤 사람은 "고요함"만 지킨다. 고요함은 바로 움직이지 않고 현현하지 않으면서 공에 머문다. 그래서 대비심이 없고 대비의 공덕이 없어 성불할 수 없다.

## 86. 혹 모든 인연을 없애고 연기의 가를 싫어해 법이도리法爾道理의 문에 어긋난다.

或泯緣而厭假，違法爾之門。

**[해독]** 모든 인연을 없애고 세속의 일을 싫어하여 진속불이眞俗不二의 중도를 잃는다.

**[선강]** 어떤 사람은 인연을 그치고 그만두어 인연이 없다. 연기緣起의 가假[82], 세속의 경계를 싫어한다. 왜냐하면 이러한 가假는

82) 모든 대상은 즉 제법諸法은 무아無我이며 공空하지만 연기緣起하

본성이 방광하고 본성이 현현하므로 법이도리法爾道理83)의 문에 위배된다. 그래서 어떤 사람은 "나는 공空 안에서 청정하다. 사람이 많고 일이 많으면 괴롭다." 말한다. 그래서 인연을 끊고 사람을 떠나 혼자 외롭게 지내고, 사람이 적은 곳에서 공부하려고 한다. 이는 법이도리의 문에 위배된다.

[41단]

## 87. 혹 아견我見에 집착하여 인人이 공함에 어둡다.

或著我見而昧人空。

**[해독]** 인아人我가 본래 공한 줄 몰라 아견我見에 굳게 집착한다.

**[선강]** 어떤 사람은 아견我見에 집착한다. 아견은 어디서 오냐 하면 인아人我에서 온다. 인人이 공함에 어두운데, 아견이 어디에 있겠는가? 아我도 없고 아견도 없다.

---

여 존재하므로 결코 무가 아니고 실재實在하는데 이것을 가假라고 한다.

83) 진리에 따라 본래 있는 그대로의 모습을 말한다. 법이도리法爾道理의 약칭이다. 《해심밀경解深密經》에 이르시길, "법이도리法爾道理란 여래께서 세상에 나오시거나 만일 세상에 나오시지 않거나 법성에 안온히 머물고 법은 법계에 머무나니, 이를 법이도리라 한다." 하셨다.

## 88. 혹 현량現量에 미혹해 법집法執을 굳게 지닌다.

或迷現量而堅法執。

**[해독]** 육식현량六識現量[84])을 진실이라고 잘못 여긴다. 말하자면 "귀로 듣는 것은 거짓이라 여기고 눈으로 본 것을 진실이라 여긴다(耳聽爲虛, 眼見爲實)."[85]) 이에 법집을 굳게 지닌다.

**[선강]** 현량現量은 무엇인가? 우리들의 마음이 육진六塵 한가운데 직접 상응하고, 직접 현현하며, 마음을 일으키지도 생각을 움직이지도 않고 또렷이 아는 것을 현량現量이라 한다. 법이 진실이라 집착하여 나의 경계 나의 감각이 진실이라고 집착하는 것이 모두 법집法執이다.

[42단]

## 89. 혹 이해만 있고 믿음을 겸하지 않아 사견이 많아진다.

---

84) 우리들이 통상 말하는 현량경계는 눈앞, 지금 이 순간, 현재 발생하는 이들 경계이다. 현량요별現量了別은 바로 육식六識이 육진六塵에 대해 현전에서 어떤 법의 진실존재성을 관찰·요별하고 증득해 아는 것을 가리킨다. 이는 비교·대대對待·상상과 추리 등 사유활동을 쓰지 않고 요별해내는 것이 모두 사실진상이다.

85) 소문을 경솔하게 믿지 말라. 본 것이 바로 사실이다. 들은 소문은 믿을 수 없으니, 눈으로 직접 본 것만이 진실이라 할 수 있다. 눈으로 본 것보다 진실로 믿을 만하다.

或解不兼信而滋邪見。

**[해독]** 비록 불법을 이해할지라도 믿음이 결핍되면 《열반경》에 이르시길, "지혜가 있으나 믿음이 없으면 이 사람은 곧 사견이 증장한다(若有智慧無有信心，是人則能增長邪見)." 하셨다.86)

**[선강]** 이 문구는 매우 중요하다. 만약 당신의 이해에 믿음이 없다면 당신의 이러한 이해가 많을수록 사견이 더욱 무거워진다. 그래서 법을 듣고서 상응하여야 믿음이 생긴다.

## 90. 혹 믿음만 있고 이해를 겸하지 않아 무명이 자란다.

或信不兼解而長無明。

**[해독]** 비록 믿음이 있으나 불법을 이해하지 못하면, 《열반경》에 이르시길, "믿음은 있으나 지혜가 없으면 이 사람은 곧 무명이 증장한다(若人信心無有智慧，是人則能增長無明)."87)

---

86) 한 사람에게 다만 믿음이 있고 오히려 지혜가 없으면 이 같은 믿음은 바로 미신으로 다만 자신의 무명·우치가 헛되이 늘 뿐이다. 다만 지혜만 있고 오히려 믿음이 없으면 이 같은 지혜는 자기오만의 자본으로 끝내는 가없는 사견만 증장할 뿐이다. 그래서 믿음과 지혜는 사람의 두 다리와 같아 하나가 모자라면 해탈의 길에서도 얼마 가지 못할 것이다.

87) "교리는 이지러짐이 없거늘 다만 바른 이해가 생기기 어려움은 믿음의 힘이 갖추어지지 않았기 때문일 뿐이다. 만약 믿으면서도 이해하지 않으면 밤낮으로 무명만이 자라고 만약 이해하면서도 믿

**[선강]** 당신이 스승을 이해하지 못하면서 나는 스승을 매우 믿는다고 말한다면 당신의 스승에 대해 무엇을 믿는가? 그의 명성지위인가 아니면 그의 신통력인가? 만약 스승을 이해하거나 법문을 이해한 후에 당신의 믿음에 이해가 생기면 그것은 바로 지혜의 믿음이다. 만약 믿음에 이해가 없으면 잘 알지 못하고 무명이 자라나 맹종할 뿐이다. 당신이 스승의 말을 듣는데 지혜를 가지고 듣지 않으면 스승이 당신에게 무엇을 하라고 하든지, 당신이 무엇을 하든지, 끝내 당신의 근기에 맞지 않거나 당신에게 진보가 없을 것이다. 그렇다면 무명이 증가한다. 그래서 이 문구는 매우 중요하다.

[43단]

## 91. 혹 사람은 옳고 법은 그르다고 말한다.

或云人是而法非。

**[해독]** 법을 설하는 사람이 비록 개오開悟할지라도 설한 바 법은 아직 정확하지 않다고 여긴다.

---

지 않으면 밤낮으로 삿된 소견만 더한다. 믿으면서 또한 이해하여야 이 종宗에 계합되며 이 종에 계합된 사람은 매우 희유하여서 시방제불께서 나와 상응할 뿐만 아니라 대지와 산하가 일시에 같이 증득하리라." _《종경록》 제19

**[선강]** 어떤 사람은 사람이 옳고 법은 틀렸다고 말하여 시비에 떨어진다. 사람도 시비가 없고 법도 시비가 없다.

## 92. 혹 경계는 깊고 지혜는 얕다고 한다.

**或稱境深而智淺。**

**[해독]** 경계를 관함은 매우 깊고 지혜는 매우 얕아서 사람의 지혜는 법성을 궁진할 수 없다고 여긴다.

**[선강]** 어떤 사람은 경계는 매우 깊고 지혜는 얕다고 여긴다. 경계는 깊고 얕음이 없고 지혜도 깊고 얕음이 없으며, 경계와 지혜는 상응하는 것이다. 게다가 경계는 얻을 수 없고 지혜도 얻을 수 없어 지혜와 경계의 비량比量[88]에 떨어지지 않는다.

[44단]

## 93. 혹 취착하여 버리지 못해 법성法性에 미혹한다.

---

88) 비량比量: 인명 용어로 삼량 중의 하나이고, 심식 삼량 중의 하나이다. 비량은 추리 추론으로 말미암아 알게 되는 지식이다. 예를 들면 먼 곳에 연기가 있음을 보면 그 아래 반드시 불이 있음을 안다. 담장 바깥에 뿔이 있으면 소가 달려가고 있음을 안다. 범위를 넓혀 말하자면 생을 보면 죽음이 있음을 알고 성립을 보면 무너짐이 있음을 안다. 이것이 한 층 깊은 추리작용이다.

或取而迷法性。

**[해독]** 취착하여 버리지 못하는데, 어찌 법성을 여실지견如實知見할 수 있겠는가?

**[선강]** 어떤 사람은 얻는 바가 있다고 취착하고, 법과 경계를 취착한다. 법성法性은 본래 그대로인데 설사 일개 물건이라도 법성에 미혹한다. 비유컨대 당신은 설사 일개 찻잔이라도 찻잔 하나의 법성에 미혹한다.

## 94. 혹 버려서 사에 즉하면 진인 이치에 어긋난다.

或舍而乖卽眞。

**[해독]** 일미一味를 버리고 여의어서, 사에 즉하면 진인(卽事而眞)[89] 진실을 위배한다.

---

89) 사와 리가 불이不二이고 알기 쉬운 사상事相에 이미 심묘한 진리를 갖추고 있다. 생멸차별 현상의 사상은 바로 상주평등의 진리임을 가리킨다. 이는 진리는 현실의 사상을 여의는 것이 아니고 달리 있는 말임을 표시한다. "즉사이진卽事而眞"은 《대일경소大日經疏》 1권에서 나온 말인데, 현교 중에도 또한 이 하나의 명사에 상당한 용어가 있다. 이를테면 삼론종에서는 "촉사즉진觸事卽眞" 천태종에서는 "당위즉묘當位卽妙 , 본유불개本有不改", 화엄종에서는 "당상즉도當相卽道"가 그것이다. 그래서 현교 제가는 생기현상生起現象(상相)의 본체(성性) 즉 절대 평등의 체(진여)의 관점, 즉 "섭상귀성攝相歸性"의 입장에 서서 말한 것이지만 밀교는 곧 현상자체의 당체가 바로 진리인 관점, 즉 "성상법이性相法爾"의 입장에 서서 말한

**[선강]** 어떤 사람은 버리고 여읜다. 나는 찻잔이 필요 없다고 말하면 "사에 즉하면 진인 이치에 어긋난다." 찻잔은 바로 진리이고, 바로 도이며, 바로 불법이다. 그래서 상相을 취하지도 않고 버리지도 않으며, 집착하지 않는다.

[45단]

## 95. 혹 여의어 인因을 어긴다.

或離而違因。

**[해독]** 집착하여 멀리 여의어 만행의 인을 거스른다.

**[선강]** 만약 여의면 인지因地를 거스르고 인지가 없다.

## 96. 혹 즉하여 과果를 잊는다.

或卽而忘果。

**[해독]** 당하즉시當下卽是에 집착하여 행만증과行滿證果를 소홀히 한다.

---

다. 《불진공론不眞空論》(승조僧肇), 《법화경현의》 6권 하, 《마하지관》 7권 상을 참조하라. _《불광대사전》

**[보충]** 화엄종 초조 두순杜順대사께서는《화엄오교지관華嚴五教止觀》에서 원교로 돌아가라고 한다. 원교에 계입하는 방법에는 두 가지가 있다고 말한다. 하나는 당하즉시當下卽是이고, 다른 하나는 만약 당하즉시를 할 수 없으면 잘 증오證悟하여 세세생생 수지修持한다. 무엇을「당하즉시」라고 하는가? 시간을 뛰어넘고 공간을 뛰어넘으며, 일체를 분명히 이해하여 또렷하고 또렷하게 분명히 이해하며, 혼침에 들지도 도거에 들지도 않으며, 음식이 있으면 음식을 먹고 잠이 오면 잠을 자며, 병이 있으면 병을 치료한다. 밥을 먹지 않고 토론하며 잠을 자지 않고 고요히 앉아 있고 병을 치료하지 않고 넘어지며 조용히 자기의 왕생을 보며 혼은 영취산으로 돌아간다. 이것을「당하즉시」를 행한다고 한다. 만약 밥을 충분히 먹고 잠을 충분히 자면 몸은 건강하고 심리는 평온하면 좋은 일을 한다. 실제로는 좋은 일을 한 것은 없다. 왜냐하면 보시하는 사람도 없고 보시하는 물건도 없으며 보시를 받는 자도 없기 때문이다. 게다가 좋은 일을 할 때 당하에 아도 없고 법도 없다. 이것이 바로「당하즉시」이다. 이는「당하즉시」일 뿐만 아니라 일진법계一眞法界에 들어감이다. 일진법계가 바로「당하즉시」이다.

**[선강]** 만약 당신이 "즉"한다고 말하면 과果를 잊는다, "즉卽"은 무엇인가? "즉"은 말하자면, 당신은 마음이 그대로 부처님이다(卽心是佛). 비록 마음이 그대로 부처일지라도 그러나 여전히 과의 경계에 도달하지 못한 상태이다. 그래서 여전히 닦아야 한다고

말한다. 당신을 떼어놓고 불성도 아니고, "즉"하면 당신은 성인도 아니다. 이것을 「비리비즉非離非卽」이라고 한다.

[46단]

## 97. 혹 아니라고 하여 실實을 비방한다.

或非而謗實。

**[해독]** 진실을 부정한다.

**[선강]** 어떤 사람은 아니라고 한다. 만약 당신은 부처가 아니고 본성은 부처가 아니라고 말하면 그것은 진실을 비방함이다.

## 98. 혹 옳다고 하여 권權을 헐뜯는다.

或是而毁權。

**[해독]** 실지實智만 알면 권지權智를 헐뜯고 비방한다.90)

90) 권權 · 권모權謀 · 권의權宜의 뜻으로 일시적인 수유로 가설한 방편을 가리킨다. 실實은 진실불허眞實不虛의 뜻으로 영구히 변하지 않는 구극진실을 가리킨다. 권權은 또 작선권作善權 · 권방편權方便 · 선권방편善權方便 · 가假 · 권가權假이고, 실實은 또한 작진作眞 · 진실眞實이다. 양자를 합쳐서 권실權實 · 진가眞假 등으로 부른다. 권교權教와 실교實教 · 권지權智와 실지實智 · 권인權因과 실인實因 · 권

**[선강]** 어떤 사람은 옳다고 한다. 만약 당신이 현재 바로 부처라면 "권을 헐뜯는다." 왜냐하면 당신은 현재 여전히 번뇌가 있고 닦아야 하기 때문이다. 그래서 어떤 사람이 자신을 부처라고 여기고 무엇이든 옳고 전혀 닦을 필요가 없다고 말한다면 잘못이다.

[47단]

## 99. 혹 무명을 혐오하여 부동지不動智의 문을 등진다.

或惡無明而背不動智門。

**[해독]** 무명을 혐오하여 무명이 본래 공함을 모른다. 영가대사께서는 《증도가證道歌》에서 이르시길, "무명실성은 곧 불성이다(無明

---

과權果와 실과實果 · 권인權人과 실인實人 · 권화權化와 실화實化 등 대칭용어로 사용한다. 실교實教는 실에 의거하여 불타께서 자내증自內證하신 법을 서술하여 구극근본의 가르침과 관련시킨다. 권교權教는 사람을 인도하여 실교에서 시설한 방편교법으로 들어가게 하여 실교경지에 이른 후에 곧 당하에 권교를 폐한다. 실지實智 또는 작진실지作眞實智 · 여실지如實智는 여실히 명백한 지혜이고, 권지權智 또는 작방편지作方便智는 타인을 인도 제도하여 일으키는 지혜이다. 실인實因은 원돈圓頓의 행을 가리키고 권인權因은 장藏 · 통通 · 별別 삼교三教의 행을 가리킨다. 실과實果는 삼덕비장三德祕藏의 대열반을 가리키고, 권과權果는 장육금신 등 화신을 가리킨다. 실인實人은 곧 실재하는 사람이고 권인權人은 곧 권화權化한 사람으로 불보살 등이 중생을 인도하여 임시로 사람 혹은 천인의 모습으로 나타난다. 실화實化는 곧 부처님께서 삼승을 여러 일승으로 돌아가게 하는 교화教化이고 권화權化는 곧 부처님께서 일승一乘을 나누어 삼승三乘을 설한 교화이다. _《불광대사전》

實性卽佛性)." 하셨다.

**[보충]** "무명無明이란 반야대지의 명明이 없음이고, 불성佛性이란 곧 구경청정각성究竟清淨覺性이다. 무시이래로 헛되이 태어나 헛되이 죽어서 생사를 벗어날 수 없는데 모두 무명으로 인해 유전하기 때문이다. 그래서 무명이 곧 번뇌의 근본임을 알지니, 팔만사천 진로塵勞의 과果가 되고 십이인연의 머리가 되며, 항하사 번뇌가 이로 말미암아 생겨난다. 진겁塵劫의 윤회가 이로써 끊어지지 않고 비상정非想定 후에 다시 삶의 몸이 되고 무명의 구덩이 속에 병행病行이나 마찬가지이다. 고덕께서는 이르시길, 빠르기가 번개 같고 사납기가 광풍과 같아 짧은 순간에 진로가 일어나고 사납게 흐르는 물처럼 빨리 가고 문득 오욕을 이루고 돌아가는 바퀴처럼 급히 지나친다 하셨다. 이러므로 사마四魔를 결구結搆하고 열 가지 차사(十使)를 말달림이 모두 무명이 그렇게 되게 한다. 아직 깨닫지 못한 사람은 미혹하여 실實의 사事가 된다. 지금 이 도인은 반야지혜로써 무명을 비춘 즉 불성을 환히 밝게 본다. 그래서 「무명실성無明實性이 곧 불성이다」 하였다."

_《증도가주證道歌註》 묘공불해妙空佛海화상

**[선강]** 어떤 사람은 무명을 싫어하여 "부동지문不動智門"을 등진다. 무엇을 "부동지문"이라 하는가? 일체법 · 일체무명은 모두 부동지不動智이고, 모두 불성방광佛性放光이다. 만약 무명을 싫어하는 마음이 있으면 당신의 지혜는 움직여서 진실한 지혜가 아니다.

## 100. 혹 다른 경계를 싫어하여서 법성삼매를 무너뜨린다.

或憎異境而壞法性三昧。

**[해독]** 바깥 경계를 싫어하여 일체경계가 모두 법성삼매法性三昧[91] 중에 나타난 바임을 모른다.

**[선강]** "이경異境"은 곧 모순된 경계이다. 당신에게 저촉된 경계·모순된 경계가 있으며 당신은 그것을 싫어하고 좋아하지 않아서 법성삼매를 허문다. 왜 사사물물 모두 법성삼매라고 말하는가? 이런 사람이 당신과 저촉이 있고 모순이 생길 때 만약 당신이 움직이지 않으면 바로 법성삼매이고, 당신이 움직이면 전도·사견邪見이다.

[48단]

## 101. 혹 동일한 진여리에 의거해서 증상만增上慢을 일으킨다.

或據同理而起增上慢。

**[해독]** 동일한 진여리眞如理에 의거하여 증상만의 견해를 일으

91) "법성의 이치를 체득하면 곧 일상행위와 법성의 이치는 일치함을 가리킨다. 《마조어록馬祖語錄》에 이르시길, 일체중생은 무량겁부터 법성삼매를 벗어나지 않아 오랫동안 법성삼매에 있다. 옷을 입고 밥을 먹으며 말로 이야기하고 응대하며 육근을 운영하여 일체를 베푸는 것이 전부 법성이다." _《불광대사전》

킨다.

**[선강]** “동리同理”는 모두 불성이 현현한 존재라는 뜻이다. 그래서 자신도 부처로 증상만을 일으켜서 닦을 필요가 없다고 여긴다.

## 102. 혹 차별상을 깎아내려서 방편문을 깨뜨린다.

或貶別相而破方便門。

**[해독]** 차별지를 깎아내리고 물리쳐서 사람을 인도하고 세상을 구제하는데 필수적인 방편법문을 파괴한다.

**[선강]** 만약 차별상을 차별상이 없다 · 정토가 없다 · 예토가 없다 · 갖가지 다른 강설이 없는 것으로 여기면 그것은 방편문을 파괴한다.

[49단]

## 103. 혹 보리는 옳다고 하면서 정법륜을 비방한다.

或是菩提而謗正法輪。

**[해독]** 단지 보리를 부정할 줄만 알고 보리는 끝내 말할 수 없고 옳음도 그름도 없음을 모르며, 한맛으로 보리를 긍정하여

정법을 비방함에 다름이 없다. 《금강경》에 이르시길, "왜 그런가? 만약 누군가 여래께서 설하신 법이 있다고 말하면 바로 부처님을 헐뜯는 것이니, 내가 말한 바를 이해할 수 없는 까닭이다(何以故? 若言如來有所說法者, 卽是謗佛, 不能解我所說故)." 하셨다.

**[보충]** 「만약 누군가 여래께서 설하신 법이 있다고 말하면 바로 부처님을 헐뜯은 것이니」 《금강경》에서 석가모니부처님께서 스스로 말씀하신 것이다. 당신이 「여래께서 설한 바 법이 있다고」 말하면 당신은 바로 여래를 비방함에 있지, 여래를 찬탄함에 있지 않다. 왜 그런가? 왜냐하면 여래께서는 이미 「머문 바가 없음(無所住)」을 성취하신 적이 있고, 이미 「공」하여 「법상法相」이고, 「법상」은 모두 「공空」하기 때문이다. 당신이 어떻게 여래께서 「설하신 법이 있음」에 머물러 있다고 말할 수 있겠는가? 앞쪽 경문에서 말한 적이 있지만, 보살이 「아등사상我等四相」이 있다면 곧 「보살이 아니다.」 이는 보살조차도 모두 따라잡을 수 없지 않겠는가? 이는 부처님을 비방함에 있는 것이 아니겠는가? 그래서 당신은 나를 찬탄함에 있지 않고 나를 비방함에 있다. 아래에서 석가모니부처님께서 다시 해석하신다. 왜 이런 사람을 위해서 부처님께서 「설한 법이 있다고 말하면 바로 부처님을 헐뜯는 것이다」 말씀하셨는가? 왜냐하면 그는 「내가 말한 바를 이해할 수 없는 까닭이다.」 내가 평상시 설한 법을 그가 모두 다 들어도 알아들은 적이 없는데, 그가 또한 어떻게 여래께서 법을 설하신 「의취義趣」를 이해할 수 있는가? 그는 「해오解悟」가 없을 뿐만 아니라 「경문에 의지해

뜻을 해석」하여도 모두 알 수 없고, 그는 또한 어떻게 여래께서 설하신 법의 의취歸趣를 또렷이 이해함에 깊이 들어갈 수 있겠는가? 나는 평소 어떻게 말하는가?”

_《금강경강록金剛經講錄》 도원道源법사

**[선강]** 옳다(是)는 것은 바로 긍정이다. 어떤 사람은 보리가 옳다고 긍정하면서 정법륜正法輪을 비방한다. 실제로는 보리는 옳음과 그름이 없이 일체가 모두 보리이다.

## 104. 혹 중생은 그르다고 하면서 진불眞佛의 체성을 헐뜯는다.

**或非衆生而毁眞佛體。**

**[해독]** 다만 중생을 부정할 줄만 안다. 이를테면 어리석고 사악하다고 말하면서 중생에게 모두 불성이 있음을 모르고 중생을 부정한다. 이는  진불을 비방하는 것이다.

**[선강]** 어떤 사람은 중생이 그르다고 부정한다. 어떤 사람은 중생은 바로 중생이지 부처가 아니라고 한다. 그렇다면 진불의 체성을 비방하고 무너뜨린다. 진실한 부처님의 체성은 어디에 있는가? 바로 중생 한가운데 있다.

[50단]

## 105. 혹 근본지에 집착하여 방편의 지혜가 그르다고 여긴다.

或著本智而非權慧。

**[해독]** 진여의 근본지根本智를 증득함에 집착하여 온갖 상을 요별了別하는 차별지差別智를 부정한다.

**[선강]** 어떤 사람은 근본지를 집착하여 방편설 · 방편지혜를 그르다고 여긴다.

## 106. 혹 정종正宗을 잃고서 교화문에 집착한다.

或迷正宗而執化門。

**[해독]** 중생을 제도 교화하는 방편에 집착하여 불법의 정종을 잃고 어둡다.

**[선강]** 방편설은 바로 교화문으로 어떤 사람에게는 정토법문 어떤 사람에게는 밀종법문으로 교화한다. 만약 정종의 심지법문에 어둡고, 교화문에 집착하면 길을 잃기 쉽고 정확한 방향을 찾을 수 없다.

[51단]

## 107. 혹 법성의 이치에 막혀서 무위의 구덩이에 빠진다.

或滯理溺無爲之坑。

**[해독]** 법성法性의 이치, 일미무위一味無爲 · 일무소위一無所爲92) 에 집착하니, 이를 일컬어 "무위의 깊은 구덩이에 빠져서", 불성의 묘용을 잃었다고 한다.93)

---

92) "정精은 인간활동과 존재를 유지한다. 그것은 마치 윤활유와 같아서 사람으로 하여금 더욱 의미있는 삶을 살도록 한다. 그러나 학불學佛의 관점에서 우리는 한 겹씩 정을 없애어 이치에 맞는 상태로 나아가야 한다. 이른바 「주관적 태도」는 즉 다른 사람의 생각에 상관하지 않고 자신을 다른 사람의 처지에 놓고 생각하지 않고 당사자만 생각하는 것으로 자신의 생각과 관점에만 마음을 쓰는 것을 「정精」이라고 한다. 이에 반해 곳곳마다 다른 사람을 생각하고 스스로 자신의 이익만 생각하는 심리와 행위가 점점 더 감소하는 것이 바로 「이理」이다. 자신을 생각할 때에도 동시에 다른 사람이 이익을 얻도록 돕는다. 예를 들어, 우리는 배의 성능을 개량하고, 보수를 잘해서 배 위에 있는 모든 사람이 안전한 곳으로 일찍 갈 수 있고 우리 자신도 배위에서 안전한 곳으로 갈 것이다. 우리의 심량이 커질수록 도움을 주는 사람이 많아지고, 자신이 얻은 진보와 성취도 커지기 때문에 나를 위하지 않을지라도 마침내 가장 큰 이익을 얻는 것은 바로 자기 자신이다. 이러한 방식을 「무소위無所爲」라고 하는데 가장 큰 유위有爲이다." _성엄聖嚴법사

93) "사시巳時에 염불하니 무생無生이라 무생을 깨달으니 심지가 밝아서 오히려 깊은 연못에 자성의 달을 머금은 듯 마치 텅 빈 골짜기에 공허한 소리가 응하는 듯해라 /일미평등의 무위법이 갈라져서 수만 가지 다른 이름 연출하니 마음속을 향해 요의에 안주하지 말고 모름지기 상을 여읠 줄 알고 망정을 여의어야 하니라." _보능숭普能嵩선사, 정토시

**[선강]** 어떤 사람은 이치에 막혀, 이성에 막혀, 무위의 구덩이에 빠져 일체가 무위無爲라고 여긴다.

## 108. 혹 사상事相에 집착해 허환虛幻의 거물에 걸린다.

或執事投虛幻之網。

**[해독]** 세간의 사상事相에 집착해 사상이 본래 공함을 모르니, 환화幻化와 같고, 새들이 스스로 그물에 뛰어드는 것과 같다.

**[선강]** 허망의 그물에 몸을 내던진다.

[52단]

## 109. 혹 변견을 끊고 자취를 없애 쌍조雙照의 문에 어긋난다.

或絶邊泯跡，違雙照之門。

**[해독]** 단지 일체 "희론戲論"을 끊어 없앨 줄만 알고, 차단하되 비추지 않는다. 불성을 보아 쌍차雙遮·쌍조雙照임을 모른다.94)

94) "마음이 이미 밝고 청정하여 쌍으로 양변을 차단하고 바르게 중도에 들어가서 쌍으로 이제를 비추니, 부사의한 부처님 경계를 구족하여 줄어듦이 없느니라(心旣明淨 雙遮二邊 定入中道 雙照二諦 不思議佛之境界 具足無減)." _《마하지관》, 천태지자대사.

**[선강]** 어떤 사람은 상주와 단멸의 변견邊見을 끊고 자취(跡象)를 없애버린다. 이른바 "쌍조雙照"의 문에 거스른다. 일체는 모두 불법으로 공과 유, 상주와 단멸, 정행과 사행 등등 모두는 각성覺性 한가운데 환하게 비추는 것이다.

## 110. 정중(正中)만을 보전한다고 방편의뜻 잃으며

或保正存中，失方便之意。

**[해독]** 단지 정도正道를 유지할 뿐, 자신을 엄하게 단속하여, 융통성의 방편이 부족하다.

**[선강]** 어떤 사람은 정도正道·중도中道를 증득함을 지켜서 "방편의 뜻을 잃는다." 당신은 다른 근기에 대해 다른 법을 설할 수 있고, 세속인에 대해 세속의 법을 설하며, 외도에 대해 외도의 법을 설할 수 있음이 모두 방편의 뜻이 있음이다.

[53단]

## 111. 혹 정혜定慧를 치우쳐 익혀 도의 싹을 태워 문드러지게 한다.

或定慧偏習，焦爛道芽。

**[해독]** 정혜이학定慧二學 · 지관이법止觀二法을 치우쳐 수습하며 종일토록 좌선을 하고 중생을 제도하고 이롭게 하는 보살도를 행하지 않아 소승에 떨어진다. 부처님께서는 이를 "불에 타 싹을 틔울 수 없는 종자(焦芽敗種)"95)라고 척파하셨다.

**[선강]** 어떤 사람은 선정을 닦음에 치우치고 어떤 사람은 지혜를 닦음에 치우쳐서 단지 이렇게 "정혜를 치우쳐 익힌다." 단지 일변만 닦는다는 말은 바로 "도의 싹을 태워 문드러지게 하여", 성도할 수 없다.

## 112. 혹 행行과 원願을 따로 떨어져 일으켜 불성의 종자를 매몰한다.

**或行願孤興，沈埋佛種。**

---

95) "옛날 어떤 어리석은 사람이 깨를 날로 먹었는데 맛이 없었다. 그래서 깨를 볶아 먹었더니 매우 맛이 있었다. 그는 생각하였다. '차라리 볶아서 땅에 심어 키운 뒤에 맛난 것을 얻는 것이 좋겠다'고. 그리하여 볶아서 심었다. 그러나 볶은 참깨에서 싹이 날 리 없었다. 세상 사람도 그러하다. 보살로서 오랜 겁 동안 어려운 행을 닦다가, 그것이 즐겁지 않다 하여 '차라리 아라한이 되어 빨리 생사를 끊으면 그것이 차라리 쉽겠다'고 생각한다. 그리하여 부처의 결과를 구하려 하던 것이 끝내는 아무런 결과를 얻지 못한다. 그것은 저 볶은 종자가 다시 날 이치가 없는 것처럼 세상의 어리석은 사람도 그와 같다." _《백유경百喻經》, 참깨를 볶아서 심은 사람의 비유

**[해독]** 비록 행行과 원願이 있을지라도 지혜의 인도가 결핍되면 불성의 광명으로 하여금 현현할 수 없게 한다.

**[선강]** 어느 때는 행을 일으켰으나 원이 없고, 어느 때는 원을 일으켰으나 뒤따르는 행이 없음을 "따로 떨어져 일으킴(孤興)"이라 한다. "불성의 종자를 매몰하면" 불종이 없어 어떤 수행도 모두 닦을 수 없다. 원과 행이 상응하여야 한다. 즉 어떤 원을 일으키면 어떤 행을 닦아 상응하여야 한다. 어떤 사람은 나는 성취하여야 한다고 말한다. 또한 나는 안 된다고 말한다. 동시에 또한 왕생해야 한다면 왕생 또한 안 되고, 나는 다른 세상에 태어나야 한다고 생각한다.  그렇다면 당신의 원은 도대체 어디에 있는가? 당신의 원이 늘 바뀐다면 당신의 수행은 어떻게 닦겠는가? 당신의 수행이 따라가지 못한다. 그래서 원과 행은 반드시 상응하여야 한다고 말한다.

[54단]

## 113. 혹 무작행無作行을 지어 그 닦은 바 유위를 보리라 여긴다.

或作無作行，修有爲菩提。

**[해독]** 무작행無作行을 행함에 집착해 그 닦은 바가 유위법이 된다.

**[선강]** 어떤 사람은 일부러 무작행無作行을 지으면서 보리유위有爲라고 여긴다. 조금씩 닦아나가면 얻은바 · 닦은바 · 증득하는 바가 있다고 생각하는데, 그것은 전도된 것이다. 무작행이이라 말하려면 곳곳마다 보리여야 한다. 보리는 수증修證에 속하지 않고, 유위법有爲法이 아니다.

## 114. 혹 무착심無着心에 집착해서 유사한 반야를 배운다.

或著無著心，學相似般若。

**[해독]** 단지 무착의 마음이 바로 심성이라고 여기고 그것에 집착하여 무착이 단지 심성을 향해 나아가는 일종의 방편임을 모른다.

**[선강]** 어떤 사람은 무착심에 집착해서 상사반야相似般若를 배운다. 이는 실상반야가 아니고 바로 "무착"을 배우지만 실제로 당신의 마음은 여전히 집착이 있다. "무착"에 집착하여 이 "반야"는 단지 유사한 반야로 본성의 실상반야가 아니다.

[55단]

## 115. 청정한 상에 쏠려서 때(垢)의 실성實性에 어둡다.

**或趣淨相而迷垢實性。**

**[해독]** 청정한 상에 집착하여 청정한 상 또한 공이고 때(垢)의 실성實性이 바로 본래 청정함을 모른다.

**[선강]** 만약 당신이 "청정한 상을 향해" 늘 수행하여 "나는 청정해야하고, 나는 공령空靈한 경계여야 하며, 나는 해탈해야 한다."고 생각하면 마음의 "때"가 바로 본래청정이고, 이 마음의 "때"가 본래 실상이고 본래 공령이며, 이 마음의 "때"가 바로 부처이고 바로 법이며 바로 도임을 모른다. 그래서 선종에서는 "조사가 서쪽에서 온 까닭은 무엇인가?"[96] 말한다. 일체가 모두 도이다. 만약 당신이 구염垢染을 배척하고 중생의 업을 배척하면서 도를 구하면 그것은 치우친 삿된 종지이다. 그래서 "때의 실성에 어둡다" 하셨다. 이 "때"의 실성이 바로 불성임을 모른다.

## 116. 정위正位에 머문다고 여겨 자신의 본성이 공함을 놓쳤다.

---

96) 묻건대, "서쪽에서 온 뜻은 어떠한가(如何是西來意)?" (조사가 서쪽에서 온 본의는 무엇일까? 우리의 식識이 미혹한 마음을 일으킨다. 달마조사가 서쪽에서 중국으로 왔다. 왜 왔는가? 본 공안의 연기는 현상계 중에 한 건의 역사공안으로 이 문제를 참하는 자에게 진실로 망상을 깨뜨린다) 경제慶諸선사가 말하길, "공중에 조약돌 하나다(空中一片石)!" (조사가 서쪽에서 온 이유가 무엇이냐고? 그게 당신과 무슨 상관이냐! 수행과정의 경계 참문이 아니라 오직 망상심념을 움직여 아무런 의미 없는 문구로 혀를 굴리자 선사는 한담 한마디로 그의 마음과 입을 막는다.)

**或住正位而失自本空。**

**[해독]** 《법화경》에서 "이 법은 법의 자리에 머물러 세간 상에 항상 머문다(是法住法位 世間相常住)."97) 하신 말씀을 잘못 이해하여 세간 상이 바로 실상이라 여기고 만법이 본래 공함을 모른다.

**[선강]** 어떤 사람은 바른 자리(正位)에 머물러 얻은바가 있다고 여긴다. "나는 어느 곳에서나 증득하였다, 성취하였다." 자신의 본성이 공하다. 공은 어디에 자리가 있는가? 공은 자리가 없다. 자리가 있고 성취한 것이 있고 얻은바가 있으면 진공眞空이 아니다. 그래서 어떤 사람은 "나는 득도하였다, 나는 개오하였다, 나는 성취하였다." 말한다. 그렇게 말하면 총명한 사람의 웃음거리가 될 뿐이다. 왜냐하면 본성 진공 한가운데 어디에 성취가 있고 어디에 얻은바가 있겠는가? 없다!

[56단]

## 117. 혹 무상관無相觀을 세워 진여를 장애하고 덮는다.

---

97) 부처님께서 스스로 증득하신 무차별 법성인 실상법은 일체 세간 출세간의 차별법상에 머문다. 이른바 진眞은 망妄을 여의지 않고, 망은 바로 진이다. 그래서 세간 허망차별 법상의 당체는 바로 진여 법성으로 여여부동하여 변이가 없고 차별이 없다. 이는 육조단경에서 말한 "불법은 세간에 있어 세간을 여의고 깨닫지 못한다. 세간을 여의고 보리를 찾으면 토끼 뿔을 찾는 것과 같다." 하신 말씀과 의취가 서로 같다. _《법화경강의》, 석성범스님

**或立無相觀而障翳眞如。**

**[해독]** 진여무상眞如無相에 집착하여 진여무상이 무불상無不相임을 모른다. 《무량의경無量義經》에서 이르시길, “무량의란 일법에서 나며, 그 일법이란 곧 무상이라. 여시무상은 상이 없고 상이 아니되, 상이 아니고 상이 없음으로 실상이라 한다(無量義者 從一法生 ; 其一法者 卽無相也。如是無相 無相不相 不相無相 名爲實相).”

**[보충]** 「무량의無量義란 일법에서 생긴다.」 그래서 경에서 이르시길, “하나가 곧 무량이고 무량이 곧 하나이다.” 하셨다. 전후차별이 있는 것이 아니다. 「그 일법一法이란 곧 무상無相이다.」 그래서 경에서 이르시길, “제법일상은 이른바 무상이다.” 하셨다. 무상은 곧 일상이고, 일상이 곧 무상이다. 무상은 단멸斷滅이 아닌 까닭에 일상이라 하고, 일상은 상주常住가 아닌 까닭에 무상이다. 단멸도 아니고 상주도 아니어서 중도에 계입하는 까닭에 실상實相이라 한다. 「무상불상 불상무상」이라 함은 여시무상은 곧 상이 없고 상이 아니되, 상이 아니고 상이 없음을 말한다. 뜻은 곧 실상 · 무상 · 무불상無不相 혹은 실상 · 무상 · 일체상이다. 이른바 무상이라 함은 일체상이 모두 무상이고, 일체 상 밖에 무상이 있는 것이 아니다. 일체 상 밖에 무상이 있으면 이는 무상이 어찌 무상의 상이 됨이 아니겠는가? 무상의 상이 되면 어찌 무상이라 하겠는가? 그래서 제법실상은 바로 무상이니, 제법무상이되 무상제법이다. 제법무상이면 다름이 없고, 무상제법이면 하나가 아니다. 그래서 「상이 없고 상이 아니되, 상이 아니고 상이 없음으로 실상이라

한다」 하셨다. _《무량의경약해無量義經略解》 지유智諭법사

**[선강]** 어떤 사람은 무상관無相觀을 세운다. 본래 무상은 우리의 본성이 본래 무상인 까닭에 무상관을 세우면 오히려 진여불성을 장애하고 덮는다. 그래서 좌선을 할 때 당신은 공을 구해야 한다 무상을 구해야 한다 말하고, 나는 견성을 하여야 한다, 이렇게 해야 한다 말한다. 그 결과 오히려 진여불성을 장애한다.

## 118. 혹 또렷이 알겠다는 마음을 일으켜 법성法性에 위배된다.

或起了知心而違背法性。

**[해독]** 또렷이 알겠다는 마음(了知心)으로 법성을 인식대상으로 삼고 인식한다. 이것이 법성에 위배됨을 알지 못한다. 법성은 명상개념으로 기호를 삼아 또렷이 알겠다는 마음으로 인식할 수 있는 것이 아니고, 단지 명상분별을 여의고서 자기 내심으로 증득(自內證)할 수 있을 뿐이다.

**[선강]** 또렷이 알겠다는 마음을 일으킨다. "나는 무엇인가 알아야 하는데, 공을 알아야 하고, 광명을 알아야 하며, 공부 경계가 어떠해야 하는지 알아야 한다."고 말하면 이는 법성에 위배되는 것이다.

[57단]

## 119. 혹 진전眞詮을 지켜 말로 견해를 내니, 감로甘露를 마시고 오히려 일찍 죽는 것과 같다.

或守眞詮而生語見，服甘露而早終。

**[해독]** 경론 언어 문자(眞詮 ; 경전의 글귀)를 사수하여 "뜻에 의지하되 말에 의지하지 말라(依義不依語)."는 원칙을 모른다. 이는 마치 감로(불생불사약)를 먹고 오히려 요절하는 것과 같다.

**[선강]** 당신은 진리의 말을 지키고 불조의 강설을 고집한다. "야, 너무 좋은 말씀이야. 절묘한 말씀이야!" 이렇게 감탄하고, 곧바로 그것을 기억하여 말과 글로 견해를 펼친다. 이는 마치 감로를 먹었지만 감로를 너무 많이 먹어 방해가 되어 오히려 일찍 죽고 마는 것과 같다. 언어에 갇혀 지혜의 생명이 죽는 셈이다.

**[보충]** 《유마힐경》의 매우 중요한 가르침으로 사의법四依法이 있는데, 경전을 강설하는 법사는 이를 반드시 배워야 한다. 첫째 「뜻에 의지하되 말에 의지하지 말라」 대승경전의 의리를 연구하고 통달하여야 한다. 그것의 의리이해에 의지하되 언어 문구해석에 의지해서는 안 된다. 인도의 범문을 중문으로 번역한 것이기 때문에 대승실상의 의리해석에 들어맞으면 잘못될 리가 없다. 언어문구해석에 의지하면 잘못이다."

**120. 혹 원교의 이치를 소중히 여겨 집착하는 마음을 일으키니, 제호를 먹고 오히려 독이 되는 것과 같다.**

**或敦圓理而起著心，飲醍醐而成毒。**

**[해독]** 중생 즉 부처, 번뇌 즉 보리 등 원교의 이치에 집착하여 사事를 이理로 여겨 선을 닦고 번뇌를 끊나니, 이는 마치 병자가 제호상미醍醐上味[98]를 먹고 중독되는 것과 같이 이를 일러 「원실타圓實墮」[99]라 한다.

**[선강]** 어떤 사람은 집착하는 마음을 일으켜 원교의 이치에 집착한다. 그래서 진정으로 원교의 이치를 잘 이해하는 사람은 도리가 없고 이치가 전무하다. 원교의 이치가 바로 제호醍醐로 불교에서 가장 최고의 경계이고 오교五教에서 최고의 교법教法이다. 오히려 제호를 먹고 독약이 되고 만다.

---

98) 제호는 우유를 충분히 정제하여 만든 것. 무엇과도 비교할 수 없이 좋은 맛이라는 뜻으로, 가장 숭고한 부처님의 경지를 비유하는 말.

99) 번뇌 즉 보리, 생사 즉 열반이나 사정불이邪正不二, 선악일여善惡一如 등 말씀의 원실이담圓實理談에 떨어져 파계를 하고 행이 방일로 흐른다.

마음이 범부이면 탐진치貪瞋癡의 3독三毒 번뇌로 자신을 얽어매고,
마음이 성인이면 6신통六神通이 자유자재하다.
마음에 생멸하는 번뇌가 공적하면 그 경지를 따라 일심중도가 청정하고,
마음에 분별이 있으면 모든 세계가 종횡무진 상대적인 모습으로
눈앞에 떠오른다.
- 영명연수 대사의 <종경록>

## 제3장. 맺는 말, 묘리를 알고자 하거든 오직 관심觀心에 있다

위에서 이미 대략 일백이십 가지 삿된 종지의 견해를 표시하였으니, 이는 똑같이 종지에 미혹하고 등진 것으로 맑은 진성을 잃고 어긋난 것으로 눈을 눌러서 허공의 꽃이 생기는 것과 같고, 물에 비친 그림자를 자기의 머리로 잘못 아는 것과 같으며, 얼음을 두드려 불을 찾는 것과 같고, 나무 위에 올라가 물고기를 구하는 것과 같으며, 그림자를 두려워하여 허공으로 도망치는 것과 같고, 바람을 만지거나 번갯불을 잡으려는 것과 같다. 쓴 과일은 단 과일의 종자가 아니며, 모래로써 어찌 밥을 만들 수 있겠는가?

已上略標一百二十種邪宗見解，並是迷宗背旨，失湛乖眞，捏目生花，迷頭認影。若敲氷而索火，類緣木以求魚，畏影逃空，捫風捉電。苦非甘種，砂豈飯因？

모두 법성에 융통함으로써 하나의 종지로 화회(화쟁 · 회통)시킬 수 없고, 방편에 모두 미혹하여 삿된 견해의 강물에 빠지며, 본심을 장애하여 중도에 들어가지 못한다. (업을 따라) 오르내리는 (육도의) 길에 엎드려 기고, 본래 취하고 버리는 마음에 사로잡혀 무심無心 중에서 억지로 끊어 제거하려 하며, 무사無事 속으로 향해 벗어나길 굳세게 구한다.

皆不能以法性融通、一旨和會，盡迷方便，悉溺見河，障於本心，不入中道。匍匐昇沈之路，纏綿取捨之懷。於無心中，強欲斷除；向無事內，剛求捨離。

**[해독]** 연수대사께서 열거하신 일백이십 가지 삿된 종지의 견해는 "똑같이 종지에 미혹하고 등진 것으로 밝은 진여를 잃고 어긋난 것으로 눈을 눌러서 허공의 꽃이 생기는 것과 같고, 물에 비친 그림자를 자기의 머리로 잘못 아는 것과 같다." 하셨다. 이는 불교 안팎의 각종 치우치고 삿된 견해에 관련되어 있다. 요컨대 모두 본심에 도달하지 못하고, 오직 일심인 바른 종지(正宗)에 위배되고 벗어난다. 즉 모두 법성에 융통함으로써 하나의 뜻으로 화회100)시킬 수 없고, 방편에 모두 미혹하여 삿된 견해의 강물에 빠진다. 본심을 장애하여 중도에 들어가지 못한다. 이런 종류의 견지로써 도를 구함은 마치 "얼음을 두드려 불을 찾는 것과 같고, 나무 위에 올라가 물고기를 구하는 것과 같으며, 그림자를 두려워하여 허공으로 도망치는 것과 같고, 바람을 만지거나 번갯불을 잡으려는 것과 같다." 하셨다.

---

100) "만약 유심식관唯心識觀 및 정념正念은 유심唯心일뿐을 기준으로 하면 법상종法相宗에 해당하고, 진여실관(眞如實觀)과 그 마음은 염념이 얻을 수 없음을 기준으로 하면 법성종法性宗에 해당한다. 만약 법성융통문을 기준으로 하면 모두 하나의 뜻으로 돌아가니 더 이상 분별할 것이 없지만, 지금 바른 종지를 논하며 수승한 이치를 취해 말하니 법성종을 기준으로 설한다." _《명추회요》, 영명연수대사.

《만선동귀집萬善同歸集》은 묻고 답하는 방식으로 각종 잘못된 견해를 상세하게 분석한다. 《유심결》은 곧 강목綱目 방식으로 일백이십 가지 삿된 종기의 견해를 파척하는데, 영명연수 대사 당시 파척의 주요대상은 광선狂禪으로 이理에 집착하고 사事를 버리는 것이다. 그래서 대치對治의 도는 "미묘한 이치를 알고자 하면 오직 관심觀心에 있다." 철학관을 따라서 종지가 삿된지 바른지 확실하게 분별하고, 불법의 정견을 파악하여 참선하는 중에 각종 광명과 그림자를 분별하여 각종 치우치고 차이나는 부분을 바로잡는 것은 모두 지극히 의의가 있다. 《유심결》 결말부분에서 연수대사께서는 권유하여 이르시길, "널리 후세의 현인에게 권하노니, 다만 이 한 길만 준수할지니라. 듣고 믿지 않더라도 오히려 부처될 종자의 인을 맺고, 배워서 이루지 못하더라도 오히려 인천의 복보를 이루리라. 이에 여러 경전을 빠짐없이 갖춰 싣나니, 이는 제불께서 함께 선설하신 것으로 경솔히 말씀하신 것이 아니다. 청컨대 받아들이고 잠겨서 진상을 꿰뚫어 알길 바라노라." 하셨다. 중도의 방법으로써 「일심」의 원만한 뜻을 표명하고 최후에 확실히 하는 것은 만선사행萬善事行의 실천에 있다. 《유심결》은 불법의 실천을 고심하도록 지도하고 응당 후인에게 중대한 계시를 준다.

**법공法空을 가지고 탐애와 진에의 경계를 삼고, 진지眞智를 돌이켜 상념想念 장애의 망정妄情을 지어서 오랫동안 팔전도(八倒)101)**

**의 바람을 따르고 사변四邊의 그물 벗어나기 어려워서, 마침내 이理는 곧 생사로 항상 도와 명합하고, 망妄은 본래 보리로 지금까지 깨달음과 합하며, 밝음은 언제나 어둠에 머물고 물은 얼음을 여의지 않으며, 영지靈智가 상존하고 묘용이 다함이 없음을 모르거늘 어찌 상념을 막아 담적을 구하겠는가? 번뇌를 끊어 진여를 증득하겠는가? 망령되이 짓고 망령되이 닦으면서 스스로 어렵다고 스스로 쉽다 한다.**

將法空，爲恚愛之境。返眞智，作想碍之情。長隨八倒之風，難出四邊之綱。竟不知理卽生死，恒與道冥，妄本菩提，從來合覺，明常住暗、水不離氷。靈智常存，妙用無盡，何乃遏想念，而求湛寂？斷煩惱，而證眞如？妄作、妄修，自難自易。

**[구조]** 연수대사께서는 일백이십 가지 삿된 종지의 견해를 제시하시고 일단 본심을 장애하면 장래 올랐다 잠기고, 취했다 버리며, 끊었다 버리는 사이로 배회하면서 중도에 들어가지 못하는 까닭에 "이理는 곧 생사로 항상 도와 명합하고, 망妄은 본래 보리로 지금까지 깨달음과 합하며, 밝음은 언제나 어둠에 머물고 물은 얼음을 여의지 않으며 영지靈智가 상존하고 묘용이 다함이 없는" 견지見地를 깊이 깨달을 수 없다고 설명하신다. 연수대사께서는 「유심唯心」

101) 범부이승이 미혹집착하는 여덟 가지 전도를 말한다. 즉 상락아정常樂我淨은 범부의 네 가지 전도이고, 비상비락비아비정非常非樂非我非淨은 이승의 네 가지 전도이다.

을 내걸고 이로써 일체법 모두를 이 「마음」 가운데로 융입할 수 있고, 이理와 생사 · 망념과 보리 · 밝음과 어두움 · 물과 얼음 등 상반되는 사물을 「마음」의 전체 대용大用하에 두면 생사는 본래 일리一理의 순환인 까닭에 생사는 항상 도와 명합冥合하고, 망념은 그칠 때 곧 보리인 까닭에 망과 보리는 본래 깨달음에 계합契合하며, 밝음과 어둠은 사물일체의 양면이고 물과 얼음은 본질상 서로 같다. 연수대사께서는 "영지靈智가 상존하고 묘용이 다함이 없다"는 문구로써 사람마다 모두 상존하는 「영지」(마음)을 본래 갖추어 일체의 사리를 모두 포함하여 묘용이 다함이 없는 까닭에 일으키거나 그치고, 구하거나 끊거나 증득함이 모두 망녕된 지음 · 망녕된 닦음으로 본심 · 중도에 위배되는 까닭에 "오직 관심觀心에 있다"는 논점을 제시하셨다.

**또한 신령한 깨달음(靈覺)의 성품도 본래 비장祕密이 아니고, 여래장도 부장覆藏이 아니다. 따라서 알지니, 원상圓常의 이치는 이지러지지 않고, 신해信解의 기틀은 갖추기 어렵다. 바늘 끝에 선 무변신無邊身 보살과 같고, 실 끝에 매단 수미산과 같아서 오직 희유하고 기특하다 찬탄할 뿐 어찌할 바를 모른다. 마치 해파리나 땅벌 부류 같고, 거품이 이는 몸을 굽히면서 기어가는 무리 같이 오랜 겁 동안 종일토록 상에 취착하며 스스로 잠시도 반조회광返照回光하지 않고 옷과 구슬을 팔아 여래의 가업을**

**이으려 하니, 다만 허공 꽃의 일어남과 멸함만 다투고 눈병 그림자의 시비만 인정할 따름이다. 순박한 마음을 버리고 실속 없이 화려함만 숭상하며 근원을 잃은 채 오직 곁가지만 찾아 헤매니, 가히 황금을 버리고 조약돌을 주으며 보배를 던지고 땔나무만 모으는 꼴이다. 그리하여 뭇 성인께서 경탄을 금치 못하고 통달한 사람이 비탄 통곡하니, 이는 모두 실제 자리에 이르지 못하고 본심에 도달하지 못한 것이다.**

且靈覺之性，本非祕密。如來之藏，實不覆藏。故知圓常之理不虧，信解之機難具。如針鋒上無邊身菩薩，似藕絲懸須彌盧之山。唯歎希奇，罔知所措。如水母、土蜂之類，猶汰沫屈步之徒，歷劫他求終朝取相，不自暫省返照回光，貨鬻衣珠承紹家業。但爭空花之起滅，定認眚影之是非。去淳樸而專尚浮華，喪根源而唯尋枝派。可謂遺金拾礫、擲寶持薪，是以衆聖驚嗟、達人悲歎，都謂不到實地，未達本心。

**[구조]** 「신령한 깨달음의 성품」[102]과 「여래장」은 사람마다 본래

102) 중생이 본래 갖추고 있는 영명한 깨달음(靈明覺悟)의 성품을 가리킨다. 《경덕전등록景德傳燈錄·배도杯渡선사 일발가一缽歌》에 이르길, "더러움이 깨끗함이요, 깨끗함이 더러움이니 양변은 끝내 전후가 없다. 더러움도 없고, 깨끗함도 없으니 대천세계가 동일한 진여 성품이다(垢卽淨淨卽垢。兩邊畢竟無前後。亦無垢亦無淨。大千同一眞如性)/ 약이 병이요, 병이 약이니 끝내 두 일은 버려야 된다. 약도 없고, 병도 없으니 바로 진여의 신령한 성품이다(藥是病病是藥。到頭兩事須拈却。亦無藥亦無病。正是眞如靈覺性)."

갖추고 있는 것으로 비장祕密도 개장覆藏도 전혀 아니다. 원상의 이치는 본래 환히 비추지만, 오직 신해할 수 있는 사람이 적은 까닭에 진심을 버리고 망상을 따르는 일이 허다하게 생겨나니, 연수대사께서는 이를 "황금을 버리고 조약돌을 주으며, 보배를 던지고 땔나무만 모으는 꼴"이라고 하셨다. 이것이 바로 "실제 자리에 이르지 못하고, 본심에 도달하지 못한" 소치에서 비롯한다.

**망식에 부침하고 마음에 반연하여 교위巧僞를 이루고 두루 잘못 헤아려서 집착한 바가 외진外塵인 것처럼 사람이 도올檮杌[103)]인 것처럼 노끈이 뱀인 것처럼 나타나 보여 방자하게 공허한 견해를 내고, 만법에 체성體性이 없고 일체에 명상名相이 없는 줄 모른다. 뜻을 따라 형상이 나타나고 말로 인해 이름을 세우며,**

---

《현밀원통성불심요집顯密圓通成佛心要集》에 이르길, "일승종교一乘終敎란 법화열반 등 40여 부경과 보성불설寶性佛性 등 10여 부론을 말한다. 일체중생은 모두 불성이 있어 본래부터 영명靈明하여 어둡지 않고 또렷이 늘 알지만, 무시이래로 미혹 전도되어 스스로 깨닫지 못한다. 불과를 이루고자 하거든 모름지기 먼저 자신의 불성을 또렷이 깨달아야 한다. 나중에 성품에 칭합하여 본래 있는 무량묘행無量妙行을 수습한다. 법성은 대승의 이치를 궁구한(大乘盡理) 가르침이라고 말하는 까닭에 종終이라 말하고 종이란 진盡이다.

103) 들리는 명성이야 태산 같은데, 가서 보면 진짜 아닌 경우가 많네. 소문은 도올(檮杌 · 사람을 해치는 흉악한 짐승)처럼 흉악했지만, 가만 보면 도리어 친할 만하지. 칭찬은 만 사람 입 필요로 해도, 헐뜯음은 한 입에서 말미암는 법이다(聞名若泰山 逼視多非眞 聞名若檮杌 徐察還可親 讚誦待萬口 毁謗由一脣). _고시古詩, 다산

**뜻이 상想을 따라 일어나고 말이 념念을 좇아 일어난다. 상념이 모두 허망하고 본말이 있지 않아서 삼계에 외물이 없고 만유가 모두 공하며, 삿된 무리와 바른 무리도 같은 무리이고 선과 악도 다 같은 종지이다. 대의를 완전히 던져놓고 처음 근원으로 되돌아올 줄 모르면서 무심 가운데 망녕되이 같음과 다름을 세우고, 일체 안을 좇아서 여읨과 합함을 나누며, 자신과 남을 세우자마자 역연과 순연이 따라 생기니, 투쟁을 일으키는 발단이자 혹업惑業을 맺는 시초이고 시비로 촘촘히 짜인 그물이자 증애로 닫아건 새장이다.**

妄識浮沈，緣心巧偽，遍計所執，現似外塵，人杌繩蛇，橫生空見。不知萬法無體，一切無名。從意現形，因言立號。意隨想起，言逐念興。想念俱虛，本末非有，是以三界無物，萬有俱空，邪正同倫，善惡齊旨。全拋大義，莫返初源，於無心中，妄立異同。就一體內，強分離合。自他纔立，逆順隨生。起鬥爭之端，結惑業之始，織是非之緻網，鎖憎愛之樊籠。

**[구조]** 사람이 일단 본심을 밝히지 못하고, 스스로 망식을 따라 부침한 즉 무명으로 물든 마음이 한번 일어나면 곧 「교위巧偽」104)

---

104) "「취사의 마음은 교위를 이룬다(取捨之心成巧偽)」당신에게 취사의 마음이 있음으로 인해 교위巧偽를 이룬다. 교巧는 지혜이고 위偽는 우치愚癡로 진정한 지혜를 얻지 못한다. 진정한 지혜는 무지無智이고 무득無得으로 형상이 없다. 그래서 당신이 취사하고 싶으

와 「바깥 육진(外塵)」105)에 집착한다. 오직 「반조회광返照迴光」106) 할 수 있어야 비로소 「명상」을 또렷이 알아 선정에 들고 그 근원을 궁구하여 실로 「일체에 명상이 없을(一切無名)」 수 있다. 연수대사께서는 "만법에는 체성이 없고 삼계에는 외물이 없나니(萬法無體, 三界無物)", 실로 외물(名)에 대한 집착으로 생기는 대대對待 · 취사取捨 · 시비是非의 생각을 부정하여야 이와 같이 저절로 청정 · 해탈을 회복할 수 있고, 명상名相을 완전히 끝낼(勘破) 수 있는지 여부는 단지 잠시의 가자假藉일 뿐 즉 「관심觀心」 상에서 반조할 필요가 있다고 제시하셨다.

**거울에 비친 형상을 관하여 아름답고 추함을 나누는 마음이고,**

---

면 모두 머리위에 머리를 얹고 나귀를 타고 나귀를 찾아다니는 격이다. 진리는 본지풍광本地風光이고 본유가진本有家珍으로 바깥에서 찾을 필요가 없다. 그래서 교위를 이룬다 하셨다. 이 취사의 마음 때문에 지혜와 어리석음이 있다." _《영가대사증도가천석永嘉大師證道歌淺釋》 선화상인.

105) "경전에서는 여섯 근根이 있다고 말하니, 이른바 다음과 같다. 눈 · 귀 · 코 · 혀 · 몸 · 뜻 등의 6정(情; 根)이네. 이 눈 등 여섯 근은 색色 등 육진六塵에 작용하네. 이 중에서 눈이 내근이 되고 색이 바깥 육진이 되어 눈이 색을 보고, 나아가 뜻이 내근이 되고 법이 바깥 육진이 되어 뜻이 법을 능히 인식한다. _《중론中論》 제1권.

106) 자신의 내면세계를 돌이켜 반성하여 불성佛性을 발견하는 것을 의미한다. 《임제록臨濟錄》에 이르시길, "너는 말이 떨어지면 곧 스스로 회광반조할 것이며, 다시 다른 데서 구하지 말 것이니, 이러한 신심(身心)은 불조와 한 치도 다르지 않음을 알아야 한다(爾言下便自回光返照 更不別求 知身心與祖佛不別)" 하셨다.

**골짜기의 메아리를 듣고서 기쁘고 성내는 얼굴색이다. 화인化人[107]의 심행을 바라고 환물幻物[108]의 견고함을 믿으며, 아지랑이[109]를 길어서 새는 그릇을 가득 채우려 하고 허공 꽃을 꺾어서 무딘 돌에 심는 흉내를 낸다.**

觀鏡像，分姸醜之心。聆谷響，興喜怒之色。責化人之心行，保幻物之堅牢，汲焰水而欲滿漏巵，折空花而擬栽頑石。

**능소能所가 한꺼번에 고요하고 이사理事가 모두 공하건만 이미 미혹의 인을 지었음에 환幻의 과보 또한 없지 않다. 미묘한 이치를 알고자 하면 오직 관심에 있다. 항하사의 업장을 일념에 녹일 수 있고, 천 년의 암흑을 등불 하나로 파하며, 저절로 명상을 세우지 않고 미혹을 풀어 고요하니, 어찌 한 물건인들 망정에 해당함이 있겠는가?[110] 수많은 경계에 상대를 지음에**

107) 불보살이 중생을 교화하기 위해 근기에 맞추어 일부러 모양을 바꾸어 사람의 몸을 나타내는 것을 말한다. 화인 자체는 감각이 없으므로 교화가 끝나면 곧 사라진다.

108) "세상의 여러 가지 사물은 대개 변화하는 것이 많다. 풀과 나무 가운데 작약은 바야흐로 그 꽃이 활짝 핀 시기에는 어찌 아름답고 좋지 않겠냐마는 그것이 말라 시들어버리면 정말로 환물幻物일 뿐이다. 비록 소나무와 잣나무가 오래 산다고는 해도 수백 년을 넘기지 못하고, 쪼개져서 불에 타지 않으면 또한 바람에 꺾이고 좀이 먹어 없어지게 된다. 사물이 그러하다는 것을 사리에 통달한 이들은 안다." _다산 정약용

109) 아지랑이를 나타내는 말은 양염(陽焰)인데, 아지랑이가 흐르는 물과 비슷한 모양이므로 염수라고도 한다.

**취사取捨가 모두 사라지고 시비是非가 문득 녹아버려서 온갖 그늘이 모두 사라지고 툭 트여 청정하매 부사의해탈不思議解脫이 아님이 없고, 모두가 대적멸도량大寂滅道場이다.**

能所雙寂，事理俱空，既造惑因，不無幻果。欲知妙理，唯在觀心。恒沙之業，一念而能消。千年之暗，一燈而能破。自然不立

---

110) 《전등록》에서 분주무업汾州無業 선사께서 이르시길, "그대들이 견문각지見聞覺知之性하는 성품은 허공과 수명이 같아서 불생불멸이다. 일체경계는 본래 스스로 공적하여 한 법도 얻을 수 없지만, 미혹한 이는 요달하지 못한 즉 경계에 미혹하며, 일단 경계에 미혹되면 다함없이 유전한다. 그대들은 잘 알지니, 심성은 본래 스스로 있는 것이니 조작으로 인하지 않은 것이 마치 금강석을 파괴할 수 없는 것과 같다. 일체제법은 그림자 같고, 메아리 같아서 진실함이 없다. 그래서 경에서 이르시길, 오직 하나의 사실만 있을 뿐 나머지 둘은 참이 아니다. 항상 일체가 공함을 요달해서 한 물건도 망정에 해당하지 않으면, 이것이 제불의 마음 쓰는 곳이다. 그대들은 부지런히 수행할지니라(唯有一事實 餘二卽非眞。常了一切空 無一物當情。是諸佛用心處。汝等勤而行之)." 하셨다.
(해석) 일체 중생의 본성은 허공과 수명이 같아서 무량수無量壽라 한다. 무량수란 곧 아미타부처님이다. 이런 까닭에 불교도는 서로 만날 때 마다 아미타불! 하는 것은 상대방의 본성을 보는 것을 뜻한다. 세 살 아이이든 팔십 세 노인이든, 남자든 여자든, 출가자든 재가자든 모두 무량수불이다. 고덕께서 이르시길, "줄곧 염불하고 염불함은 원래 아미타불이 아미타불을 염하는 것이다!" 무너뜨릴 수 있는 것은 사대색신四大色身이고, 본성은 금강석처럼 파괴할 수 없는 것이다. 일체제법은 그림자 같고, 메아리 같아서 진실함이 없다 함은 오직 육진六塵의 영상이기 때문이다. 항상 일체법을 명백히 알면, 공하여 한 물건도 없는 즉 티끌 하나도 물들일 수 없음을 증득한다. 그래서 육조대사께서는 "본래 한 물건도 없는데 어디서 티끌이 일어나겠는가!" 하셨다. _《평상인불법문집平常人佛法文集》, 오요종吳耀宗

名相，解惑寂然，豈有一物當情。萬境作對，取捨俱喪、是非頓融，衆翳鹹消，豁然淸淨，無非不思議解脫，儘是大寂滅道場。

**[구조]** 일단 본심이 장애를 받으면 법의 방편 상에서 어떤 법문은 매우 쉽게 「홍포」하나, 어떤 교의는 「배척」하는 일이 생긴다. 이와 같으면 연수대사께서 말씀하신 (화쟁 · 회통하는) 「화회和會」의 종지가 아니고, 「마음」이 미묘한 이치를 관하는 중점이다. 연수대사께서는 《유심결》의 마지막에서 총결總結로 미묘한 이치의 오득悟得111)은 주로 「관심觀心」에 있고, 「관심」으로 말미암아 부사의해탈不思議解脫112) 대적멸도량113)의 경계에 들어갈 수 있다고

111) 오득悟得은 진리를 깨달아 체득하는 것으로 오(悟)는 진여본성의 진리를 깨닫는 것, 득(得)은 진여본성의 위신력을 얻고 진여본성의 체성에 합하는 것을 뜻한다.

112) 해탈이란 삼매의 다른 이름이다. 삼매의 신용神用, 거세상용(巨細相容; 크고 미세한 만유의 상을 용납함)이 법에 따라 변화하여 자재 무애하고 일체 계박繫縛을 여의지 않는 까닭에 해탈이라 한다. 《유마경, 부사의품》에서 밝힌 일단一端이고 또한 화엄일부에서 밝힌 일다무애(一多無碍 ; 일이 능히 다를 용납하고, 다가 능히 일을 용납하여 융통 무애함)의 법상法相이 모두 이것이다. 《유마경, 부사의품》에서 이르시길, "사리불이여. 제불보살에게는 불가사의不可思議라는 이름의 해탈이 있습니다. 만약 보살이 이 해탈에 머무르면, 높고도 넓은 수미산을 겨자씨 안에 넣어도 그 겨자씨가 늘어나거나 줄어드는 일이 없고, 수미산도 예전과 같기 때문이며, 사천왕이나 도리천과 같은 제천諸天 자신이 어디에 들어 있는지 전혀 알지 못합니다. 다만 장차 깨달음을 얻을 수 있는 사람만이 수미산이 겨자씨 안에 든 것을 알 뿐입니다. 이것을 불가사의한 해탈법문

말씀하셨다. 「관심」을 행지行持하는 법은 처음으로 일체 대대對待를 없애야 하고, 오직 응당 취사 · 시비 등 수많은 경계를 모두 돌이켜 「마음」의 본바탕의 천진함(本眞) 속으로 돌아갈 수 있으면 "저절로 명상名相을 세우지 않고 미혹을 풀어 고요하다." 하셨다.

연수대사께서는 다시 한번 「유심唯心」 · 「일심一心」을 법성에 융통 화회시킴으로써 관심의 정관正觀으로써 청정구경淸淨究竟의 경지에 들어감을 논하셨다. 그것과 관련하여 「마음心」을 제목으로 삼은 저작을 검토하면 《유심결唯心訣》과 《주심부註心賦》는 「유심」 · 「일심」의 주요이론종지를 제시하고, 《관심현추觀心玄樞》는 곧장 「관심觀心」이 일체 미묘한 이치의 중요관건임을 아는 것으로 통합을 밝힌다. 바로 유심 · 일심으로 말미암아 「관심觀心」에 이르러 마침내 실증공부實證工夫[114]를 하여 진여본성을 꿰뚫어 드러내

---

에 머문다고 합니다. 또 사대해四大海의 바닷물을 하나의 털구멍에 넣어도 물고기와 자라와 큰 자라, 악어 그 밖의 물에 사는 동물을 괴롭히는 일이 없고, 그 대해는 본성 그대로인 까닭입니다." _《불학대사전》

113) 화신불化身佛께서 유여열반有餘涅槃을 증득하신 도량이다. 이를테면 석존께서는 마갈타국 보드가야 네란자라 강가의 보리수 아래에서 보이신 금강좌상이 이것이다. 진화엄경晉華嚴經에서 이르시길, "한때 부처님께서 마갈타국 적멸도량에서 처음으로 정각正覺을 이루셨다." 하셨다. _《불학대사전》

114) "일반법사는 설법함에 문자에 의지해 경전에 담긴 뜻을 해석하여 곧장 마음의 근원을 찾을 수 없다. 이 같은 법사를 의학사문義學沙門이라 한다. 그들은 경전의 의리에 대해 매우 철저하게 분석하나 실증공부가 없다." _《팔식규구통八識規矩誦》 강해, 남회근 국사.

면, 종교宗教115)의 수지修持 생활 또한 어느덧 전개된다.

**보고 들음을 모두 잊고서 몸과 마음은 기탁할 곳 없다. 인연 따라 성품을 길러서 곳에 따라 사라질 때 마치 물결 따라 가는 빈 배와 같고, 허공을 뚫고 솟구치는 새의 깃과 같이 종횡으로 멋대로 지내며 성밖 저잣거리에 자취를 맡긴다.116) 널리 후세의 현인들에게 권하노니, 다만 이 한 길만 준수할지라. 듣고 믿지 않더라도 오히려 부처될 종자의 인을 맺고, 배워서 이루지 못하더라도 오히려 인천의 복보를 이루리라.**

---

115) 「종교」라 함은 불교에서 교하教下의 교승(教乘, 교종)과 종하宗下의 종승(宗乘, 선종)을 통칭한 것이다.

116) 《능엄경》에 이르시길, "과거 제불께서도 이 문에서 이미 성취하였고, 현재 보살들도 지금 원명한 경계에 들어가며, 미래 수학하는 사람도 이와 같은 법에 의지하여야 한다(過去諸如來 斯門已成就 現在諸菩薩 今各入圓明 未來修學人 當依如是法)" 하였다. 이런 까닭에 우리가 지금 아름다운 기약을 맺고, 미리 비밀한 서약을 펴서 응당 범행梵行을 닦으면서 (성품이 공한) 진풍眞風을 우러러 사모하여 스스로 굽히지 않고, 계정혜 삼학으로써 몸과 마음을 갈고 닦아 번뇌를 덜고 또 덜어서 물가나 숲 속에서 성인의 태를 기르면서 달빛을 보며 소요하고, 냇물 소리를 들으며 자재하여 종횡으로 걸림이 없어 곳에 따라 사라질 때 마치 물결 따라 가는 빈 배와 같고 허공을 뚫고 솟구치는 새의 깃과 같아야 할 것이다. 그리하여 이 몸은 우주에 나타내되 그윽하고 신령한 마음은 법계에 잠기게 하고, 중생의 근기에 응하여 감응이 있게 되니 마침 그러해서 따로 준칙이 없다, 내가 바라는 뜻도 바로 여기에 있다. _《정혜결사문定慧結社文》, 지눌선사

視聽俱忘，身心無寄。隨緣養性，逐處消時。猶縱浪之虛舟，若凌空之逸翮，縱橫放曠，任跡郊廛。普勸諸後賢，但遵斯一路，聞而不信，尚結佛種之因。學而未成，猶益人天之福。

**이에 여러 경전을 빠짐없이 갖춰 싣나니, 이는 제불께서 함께 선설하신 것으로 경솔히 말한 것이 아니다. 청컨대 마음을 모아서 거울같이 비추길 바라노라.**

此乃群經具載，諸佛同宣，非率爾以致辭，請收凝而玄鑒。

**[구조]** 《유심결》의 내용은 연수대사의 기타 작품과 비교해 말하면 「단편」이라 할만하다. 오직 한 권뿐이지만, 오히려 그 사상 모형의 가장 이른 형을 대표한다. 본문 중에 「마음」을 제시하는 것을 제외하고 상세히 변론할 수 없고, 어떠한 경론에 담긴 의리사상의 그 최종목적은 모두 일법(마음)으로 돌아감을 가리킬 뿐임을 다시 한번 반복해서 명시하시고, 또한 중요한 경전을 예로 삼아 그 방법을 증명하셨다.

연수대사께서는 「마음」으로써 제종경론으로 돌아가게 함이지, 각 경론사상의 맥락을 뒤섞을지 아닐지는 연수대사의 주요 관조점이 전혀 아니다. 연수대사께서는 《유심결》에서 《반야경》·《법화경》·《화엄경》·《원각경》·《능엄경》 등을 들어 그 목적이 각경의 사상을 펼치는 것에 있는 것이 전혀 아니고, 「무이無二」·「일승一乘」·「평등平等」으로써 그 주요 관심점을 삼는다. 이에 「마음」을 말하면 모두 평등무이平等無二로 어떤 경전의 중심된 생각은 모두 이 「마음」을 위해 복무하는 까닭에 천 갈래 다른 설법이 모두 일법一法으로 돌아갈 것을 가리킨다고 주장한다. 연수대사의 논술은 그 중점이 다름(異)을 하나(一)로 정리하는데 있고, 여러 경전을 널리 인용하여 그 사상을 위해 하나의 근거를 찾아 증명하는 것이다.

《유심결》은 「유심唯心」으로써 그 표제로 삼고, 전체 글은 「유심唯心」과 같이 있는 어휘가 출현하지 않으며, 오히려 「일법一法」이 출현하는 것이 많은데, 이는 「일법」(마음)을 깨달으면 곧 만법이 다 원통함을 강조한다. 분명히 연수대사께서 중시한 것은 어떻게 하든 일체 법을 완전히 원만 통달해내는 것이다. 이에 「법」을 말하면 본래 다른 중생에게 응하여 마련한 것이기 때문에 「법의法義」는 반드시 그 일치하지 않음이 있지만, 일체법의 그 목적은 모두 중생 번뇌의 병을 치유함에 있으므로 필경에 관심을 두는 목적은 같다. 그래서 연수대사께서는 여러 경전이 모두 한 길로 지귀指歸하도록 노력하셨다.

[부록]

## 선정과 지혜가 상즉을 이루는 노래(定慧相資歌)

영명연수대사 가송

정명산인淨明山人 직강

영명연수대사의 《정혜상자가定慧相資歌》는 수행하는 사람에게 가장 중요한 요결要訣의 하나이다. 선정과 지혜는 불교수행의 두 바퀴로 가장 중요한 두 부분이다. 만약 선정과 지혜의 균등을 말하면 바로 마음을 밝혀 성품을 봄(明心現性)이고, 만약 성취를 말하면 위없는 도리(無上道理)로 처음부터 끝까지 선정과 지혜와 떼어놓을 수 없다. (보충) 「상자相資」란 저것과 이것이 인연하여 상즉相卽을 이룸을 뜻한다. _《만선동귀집 강의》, 석성범스님

이 가사歌詞 집은 선정과 지혜를 어떻게 원융하고 어떻게 체현하는가를 매우 철저하게 노래한 것으로 중국불교 선종에서 혹은 교하敎下에서 선종과 지혜 방면의 대단히 완비되고 대단히 수승한 가사 집으로 티베트 불교에서 감포빠 대사의 가사 집, 밀라레빠의 가사 집처럼 대단히 수승하다.

[1수]

**불조의 언교 가운데 종취에는 두 가지 문이 있나니,**

祖教宗中有二門。

**[직강]** "조교祖教"는 바로 불조의 언교言教이다. "종중宗中"은 바로 각종 각파 종문 가운데로 "종宗"은 바로 종취宗趣이자 바로 수행의 귀취歸趣이다. 수많은 도리를 말하지만 그 대상은 인간세계에 있을 뿐이다. "나는 어떻게 공부할 것인가? 어떻게 시작할 것인가?" 이 부분이 바로 종宗이다. 요컨대 불조의 언교 가운데 종도宗途의 귀취歸趣에는 두 개의 문이 있으니, 두 개의 문은 무엇인가?

**십도·만행을 개괄하여 존귀하다고 일컫는다.**

十度萬行稱爲尊。

**[직강]** 이 두 문은 십도와 만행을 개괄한다. 그래서 "존尊"이라 칭하니, 가장 존귀하다. "십도十度"에는 무엇이 있는가? 보시布施부터 시작하여 지계持戒·인욕忍辱·정진精進·선정禪定·지혜智慧

육바라밀에 다시 원願·이利·방편方便·지智를 덧붙여 십도十度 십바라밀이라 한다. "만행萬行"은 보살행 한가운데 가장 많은 방편행 혹은 자비행·지혜행·천행天行 등등으로 가장 많은 행법이다.

**[보충]** 《만선동귀집》에서 이르시길, "만일 보시 바라밀을 논하면 내외를 모두 버리며, 지계 바라밀을 말하면 곧 대승계와 소승계를 함께 수지하며, 정진 바라밀을 말하면 신심을 아울러 행하고, 인욕바라밀을 말하면 무생법인을 모두 갖추며, 반야바라밀을 하면 경계와 지혜가 둘이 없고, 선정바라밀을 말하면 움직임과 고요함이 모두 평등하며, 방편바라밀을 말하면 진로塵勞를 두루 비추고, 발원바라밀을 말한다면 법계를 두루 머금으며, 역바라밀을 말하면 십력十力을 정일하게 통달하고, 지혜바라밀을 말하면 일체종지를 원만히 성취함이다." 하셨다.

"만행萬行은 보살이 발심에서 성불에 이르는 일체 인을 닦고 과를 증득한 사상事相을 가리킨다. 그 수량은 무량한 까닭에 만행은 대명사이다. 또한 중생이 무시로부터 지금까지 지은 일체 심념과 작위라고 말해도 된다. 그것은 다시 무량무변한 까닭에 만행이라 한다." _《만선동귀집 강의》, 석성범스님

**처음엔 지관이라 이름하여 새로 배우는 이를 돕고,**

初名止觀助新學。

**[직강]** 제일 도문道門은 바로 지관止觀이고 처음 문은 바로 지관이다. “지止”는 바로 마음을 지켜서 쉼이 나오고 선정이 나오고 공성空性으로 돌아가고 적멸로 돌아감을 “지止”라 한다. “관觀”은 바로 관상觀想이다. 한 부분에 집중하여 관현觀現·관혜觀慧함을 뜻하니, 일종의 개발과 현현으로 이를 “관觀”한다고 한다.

**[보충]** 《마하지관》에 이르시길, “또한 하나의 지관止觀으로써 이것을 맺기도 하는데 보리심을 일으키는 것이 바로 이것이 「관觀」이고, 그릇되고 치우친 마음을 끊는 것이 바로 「지止」이다.” 하셨다.

지관은 지止와 관觀의 합성어다. 지止는 정신을 집중하여 마음이 적정해진 상태이며, 관觀은 있는 그대로의 진리인 실상을 관찰하는 것을 의미한다. 지와 관은 서로 분리할 수 없고, 지계持戒 등과 함께 불교의 중요한 실천덕목으로 원시불교 이래 여러 불경에 실려 있다. 이러한 지관을 종합적으로 설하고 있는 것은 수나라 때 천태지의天台智顗 대사가 지은 《마하지관摩訶止觀》이다. 이는 천태지의 이후 천태종의 근본 교리가 되었다. 천태종에서 「지」는 마음의 동요를 누르고 본원의 진리에 정주定住하는 것, 「관」은 부동의 마음이 지혜의 활동이 되어 사물을 진리에 따라 올바로 관찰하는 것이라 한다.

## 나중에는 정혜보리의 근을 이룬다.

後成定慧菩提根。

**[직강]** 지관의 공부를 통하여 처음 배우는 이는 나중에 선정과 지혜를 성취한다. 선정은 다른 선정이 있고 지혜는 다른 선정이 있다면 어떤 선정과 어떤 지혜가 가장 중요한가? 아래에서 말씀하신다.

**[보충]** 《마하지관》에 이르시길, "따라서 「대경」에서 네 가지 사성제를 열고 또한 네 가지 십이인연을 열었는데, 하지下智가 관하면 따라서 성문의 보리를 얻고, 중지中智가 관하면 따라서 연각의 보리를 얻고, 상지上智가 관하면 따라서 보살의 보리를 얻고, 상상지上上智가 관하면 따라서 부처님의 보리를 얻는다."

[2수]

## 오직 일법一法이지만 쌍분雙分과 같다

唯一法似雙分。

**[직강]** 지관이든 정혜이든 상관없이 일법一法에 있고, 비록 두

도문道門을 말할지라도 실제로 일법이고, 두 법은 없다. 천태지자대사께서는 영산靈山에서 친히 성취하셨다[117]고 말씀하셨다. 무엇을 친히 성취하셨는가? 바로 지관을 성취하셨다. 대사께서 한평생 강설하신 것은 바로 지관止觀이다. 수修·학學·오悟·증證 일체 방편은 지관과 떼어놓을 수 없지만 지관은 단지 일법일 뿐, 어떻게 해야 일법을 구체적으로 드러내는가? 표면상으로는 두 부분으로 나뉘는 것 같은데 실제상으로는 일법이다. 일법을 어떻게 해야 구체적으로 드러내는가?

## 법성에서 적연부동하여 진정한 지止를 체득한다.

法性寂然體眞止。

**[직강]** 법성의 일법 상에서 적연부동寂然不動함을 "진정한 지止를 체득"한다고 한다. 이것이 진정한 정定이고, 진정한 지止이다. 무념無念·무분별無分別·적연부동寂然不動이 관건이다. 왜 영명연수대사께서는 이것을 제시하셨는가? 실제로는 종문宗門과 상통相通한다. 일념도 생하지 않을 때 전후의 시간이 끊어진(前後際斷) 경계가 "진정한 지知를 체득함"으로 바로 우리의 각성공적覺性空寂

117) 천태대사께서는 영산에서 친히 증득하시고 법문을 설하시고 성품에 칭합하여 선양하셨다.

이 현현할 때이다.

**[보충]** 유위법의 전제前際와 후제後際가 끊어져서 상주常住하지 못함을 말한다. 그러나 단절되지 않는 듯이 보이는 것은 마치 불을 빨리 돌리면 둥근 바퀴같이 보이듯이 전후가 상속하기 때문이다. 《유마경維摩經》 〈제자품〉에 이르시길, "불법에는 인상이 없으니, 전제와 후제가 끊어진 까닭이다(法無有人, 前後際斷故)." 하셨다. 《금강경》에서는 인상人相은 설하시는데, 이는 아상我相을 두고 인상이라 한다. 평소 사상四相을 말하고 인상은 바로 육취六趣에 유전함으로 잡으려고 하면 인상이 있다. 근본적으로 불법에서는 인상이 없다. 왜냐하면 전제와 후제가 끊어지기 때문이다. 「제際」는 시간이다. 앞의 시간과 뒤의 시간이 끊어지면 누가 육취에 유전하겠는가? 육취에 유전함이 없으면 인상이 있겠는가? 당신이 대승법을 닦아 선정에 들 수 있으면 전후 시간이 끊어지고 망상이 끊어진다. 당신이 앞의 시간과 뒤의 시간이 있다고 아는 것은 당신에게 망념이 있기 때문이다. 일단 망념이 끊어지면 전후 시간이 끊어진다. _《유마힐소설경강기維摩詰所說經講記》, 도원장로

**이때 고요하고 항상 비추니, 묘관妙觀이 존재한다.**

寂而常照妙觀存。

**[직강]** 적적寂寂[118]한 가운데 늘 비추고, 환히 비추며, 줄곧 비춤이 바로 지혜이고, 바로 묘관이며, 바로 "묘관이 존재함"이자 이른바 "요요분명了了分明"이다. 만약 당신이 일념이 생하지 않고 요요분명할 수 있으면 바로 고요하되 늘 비추고, 비추되 늘 고요하여 바로 선정과 지혜가 원융하고 지관이 둘이 아니며 일법을 이루니, 이 일법이 바로 우리들의 진여본성이다.

**[보충]** 무엇을 성취라 하는가? 바로 속마음이 요요분명하고 여여부동함이다. 상相에서는 일체 인연에 수순하여 짓고, 속마음에서는 시종일관 여여부동하여야 한다. 도피함이 없고 눈을 감고 참아냄이 없으며 경계에 상대하는 가운데 속마음은 매우 명료하지만, 시종 동요함이 없고 평정하다. 성취는 이러한 안온한 마음 상태에 달려있고, 장래에 홍법하고 중생을 이롭게 함은 이러한 안온한 마음에 달려있다." _**달진감포**達眞堪布

[3수]

**선정은 아버지이고, 지혜는 어머니이다.**

**定爲父慧爲母。**

---

118) 적적寂寂이란 고요하고 고요해 어떤 번뇌도 일지 않는 평화로운 상태를 말한다.

**[직강]** "선정"은 바로 아버지이다. 왜 아버지라고 부르는가? 선정은 힘을 생기게 하고 사람들로 하여금 굳건하게 한다. "지혜"는 바로 어머니로 낳을 수 있다. 선정으로 말미암아 다시 지혜가 생길 수 있다. 혹은 선정과 지혜가 원융圓融 · 쌍합雙合 · 쌍응雙應 · 쌍수雙修 · 불이不二로 인간세상에서 부모님이 계신 것과 같다. 부모님께서 계셔야 아이를 낳을 수 있다. 그렇다면 수행의 선정과 지혜는 어떤 아이를 낳는가?

## 일천 성인을 잉태할 수 있는 문호이다.

能孕千聖之門戶。

**[직강]** 그는 바로 일천 성인을 양육하는 문호이다. 일천 성인이 그 가운데 매우 많다. 모든 성인은 선정과 지혜로 양육하여야 출생할 수 있다. 어떤 사람은 산란한 지혜로 인해 어떤 사람은 선정에 치우쳐서 성인의 태가 생길 수 없고 성자를 양육할 수 없다.

## 근력을 증장시켜 성인의 태를 길러서

增長根力養聖胎。

**[직강]** "근根"은 바로 오근五根 · 오력五力이지만, 실제로 이 근력은 반드시 오근 · 오력을 가리키는 것은 아니다. 바로 각성본체와 상응할 수 있는 것이 바로 근根이고, 끊임없이 비추어서 역량이 현현하는 것이 력力이다. 그래서 근력을 증장하여 성인의 태를 기른다 하셨다. 물가 수풀아래 성인의 태를 오래 길러 마음에 아무런 일도 모두 없음이 바로 고요하되 항상 비춤이고, 비추되 항상 비춤으로 그를 기른다. 5년, 10년, 20년 성인의 태를 성취할 수 있다. 그러나 만약 중간에 조급하여 서두르는 수많은 경계 법문에 여전히 집착하면 성인의 태를 기르지 못한다. 그러나 방편으로 밥을 먹고 잠을 자며 일을 하거나 적절하게 주문을 염할 수 있으니, 이것을 방편용方便用이라 한다. 그러나 그것을 진실유眞實有로 삼아서는 안 되고, 그것을 공부로 삼아서는 안 되며, 그것을 진실한 경계로 삼아서는 안 된다. 만약 그것을 진실로 삼으면 성인의 태를 기르는 것이 아니다. 성인의 태를 길러서 근본을 얻고 그런 후에 근본 상에서 도력道力을 증장하여 우리들의 자성공덕을 개현開現한다. 그는 이익에 의지함도 없고 기이함에 의지함도 없으며, 대립하는 것도 능소도 없다. 하나라도 능소가 있고, 하나라도 대립이 있으며, 하나라도 이익에 의지함이 있으면 성인의 태를 기르는 것이 아니다.

**[보충]** 우익대사께서는 《아미타경요해 강기》에서 이르시길, "「오근五根」이란 첫째 정도(正道, 지명염불)와 조도(助道, 육바라밀

등)의 법을 확실히 믿는 것을 신근信根이라 하고, 둘째 정도와 여러 조도의 선법을 쉬지 않고 부지런히 구함을 정진근精進根이라 하며, 셋째 정도와 여러 조도의 선법을 염하여 다시는 다른 념이 없는 것을 염근念根이라 하고, 넷째 정도와 여러 조도의 선법 가운데 마음을 거두어 상응하되 흩어지지 않는 것을 정근定根이라 하며, 다섯째 정도와 여러 조도의 선법을 위해 고·집·멸·도 사제四諦를 관하여 지혜를 얻는 것을 혜근慧根이라 한다.

「오력五力」이란 첫째 신근信根이 증장하여 모든 의심과 어리석음을 물리치고, 나아가 모든 삿된 믿음을 타파하고 일체 번뇌까지도 타파하는 것을 신력信力이라 하고, 둘째 정진근精進根이 증장하여 갖가지 몸과 마음의 나태함을 타파하고 세간을 벗어나서 일대사를 성판成辦하는 것을 정진력精進力이라 하며, 셋째 염근이 증장하여 모든 삿된 생각을 타파하고 세간을 벗어나서 일체 정념正念 공덕을 성취하는 것을 염력念力이라 하고, 넷째 정근定根이 증장하여 온갖 산란한 망상을 타파하고 사事의 선정과 이理의 선정, 모든 선정을 일으키는 것을 정력定力이라 하며, 다섯째 혜근慧根이 증장하여 통혹通惑과 별혹別惑의 모든 미혹을 능히 그쳐서 쉬게 하고, 진제眞諦의 무루無漏 지혜를 일으키는 것을 혜력慧力이라 한다." 하셨다.

_《불설아미타경요해》(비움과소통)

**염념마다 생겨나서 불조가 된다.**

念念出生成佛祖。

**[직강]** 무엇이 "염념출생念念出生"인가? 자성공덕이 현현하여 염념마다 방광하고, 염념마다 비추며, 염념마다 걸림이 없다. 그러면 "불조가 된다." 하신다. 그래서 우익대사께서는《아미타경요해 강기》에서 이르시길, "(염불하는 중생은) 일념에 부처님의 명호와 상응하면 일념에 부처님이 되고, 염념마다 상응하면 염념마다 부처님이 된다(一念相應一念佛 念念相應念念佛)." 하셨다.

**[보충]** 「일념상응一念相應」은 바로 아미타부처님의 지혜를 자신의 지혜로 변화시키고 아미타부처님의 복덕을 자신의 복덕으로 변화시킴을 말한다. 불념佛念이 오래 되면 아미타부처님과 융통하여 일체로 변화된다. 그래서 염불인이 수행하는 시간이 짧을지라도 성취는 불가사의한 이치가 여기에 있다.

_《무량수경청화강기無量壽經菁華講記》 정공법사

[4수]

**선정은 장수이고 지혜는 재상이니,**

定爲將慧爲相。

**[직강]** "선정"은 장수로 매우 용맹하다. 지혜는 바로 재상이다. 장상將相은 모두 황상을 보조하는데, 황상은 바로 "심왕心王"이다. 재상은 매우 세밀하고 매우 꼼꼼하며, 지혜가 많고 안배를 잘 할 수 있다. 장수는 매우 강하고 용맹하며, 매우 시원시원하여 무력으로써 강산을 안정시킬 수 있다. 그래서 말씀하신다.

**심왕을 보필하여 무상의 경계를 이룬다.**

能弼心王成無上。

**[직강]** "심왕"을 잘 보좌할 수 있다. 우리의 각성覺性이 심왕으로 무상의 지극히 존귀한 경계를 이룬다.

**영원히 중생을 위한 증도문이 되니,**

永作群生證道門。

**[직강]** 영원히 "중생을 위해" 중생을 보조하고 천하를 평정할 수 있다. 그래서 "증도문證道門"을 말한다. 영원히 대중을 위해 수행하는 성도문成道門이 되어 중생을 이롭게 한다. 이렇게 선정과 지혜의 장상은 바로 중생을 위해 증도문이 된다.

## 바로 고불께서 닦은 보리의 모습이라.

卽是古佛菩提様。

**[직강]** 이는 바로 "고불보리양古佛菩提様"이다. "고불보리양古佛菩提様"은 어디에서 찾는가? 신체의 고행이 아니고, 선정과 지혜가 원명圓明하다. 그것은 모두 선정과 지혜가 원명圓明한 경계이다. 그래서 보리의 모습이다 말씀하신다.

**[보충]** 《원각경》에 이르시길, "만약 모든 보살이 적멸의 힘으로써 지극한 적정을 도와서 변화를 일으키고 청정 원명한 경계의 지혜에 도달하면 이 보살은 (먼저) 선나와 삼마발제를 나란히 닦은 후 나중에 사마타를 닦는다 한다(若諸菩薩 以寂滅力 資於變化而起至靜 淸明境慧。此菩薩者 名齊修禪那 三摩缽提 後修奢摩他)." 하셨다. 이는 제청함변관帝青含變觀이다, 이 제청보배는 제불상을 머금어 변화에 즉하여 응하고 응하여 공으로 돌아간다. 신령한 심관을 이루어 덕용을 머금고, 반연에 응하여 환幻을 일으켜서 다시 적정寂靜에

안온히 머문다. 만약 모든 보살이 청정 원명한 각성을 깨달으면 청정한 각심으로 먼저 환화幻化를 취하지 않고 모든 적정의 상에 머문다. 적멸의 힘으로써 모든 번뇌를 끊고 변화를 도와서 중생을 제도한다. 중생을 제도할지라도 중생을 제도한다는 상을 멀리 여의니 곧 움직이되 고요하여 그 마음이 여여하다. 이 보살은 선나와 삼마발제를 나란히 닦고 나중에 사마타를 배운다고 한다.

_《대방광원각경강의大方廣圓覺經講義》, 원영대사

**「선정과 지혜가 원명해야 공에 막히지 않는다(定慧圓明不滯空)」**
선정과 지혜는 계율로 말미암아 생기니 계율을 지켜야 선정이 생길 수 있고 선정이 있어야 지혜를 발할 수 있다. 원圓은 원융무애圓融無碍이고, 명明은 광명변조光明遍照이다. 체滯는 막힘과 걸림(滯碍)이고, 공은 진공眞空이다.

_영가永嘉대사, 《증도가證道歌》

[5수]

**선정이 달빛처럼 빛나서 외도外道와 사성邪星이 사라지니,**

定如月光爍外道邪星滅。

**[직강]** 선정은 보름달이 밝게 비추는 것과 같다. 선정은 달처럼 움직이지 않아 청량할 수 있다. 달빛이 맑고 깨끗하게 빛날 때 외도를 찬란하게 비추고 사성邪星도 모두 사라진다. 외도外道는 열정 · 격동 · 집착이다. 그것은 일종의 별모양이고 일종의 흥분된 상태이다. 사성 · 외도가 수행하는 것은 이렇듯 대단히 집착한다. 그것이 사용하는 것은 별의 충동, 집착적 추구로 바깥을 향해 획득하려 하거나, 혹은 안에서 일어나는 변화하는 성향에 집착한다. 그래서 지금 이 순간 달빛이 대단히 청량할 때 이것들을 빠짐없이 다 쉬게 한다. 우리는 한 사람이 매우 흥분하고 매우 집착하면 그에게는 선정의 물(定水)[119]이 없고, 달빛처럼 맑고 깨끗하지 않음을 본다.

## 지혜의 횃불을 쳐들 수 있으니 더욱 더 분명하고,

能挑智炬轉分明。

**[직강]** 지혜의 횃불을 쳐들 수 있으니 한층 더 분명하다. "전轉"은

119) 정수定水는 지수止水와 같다. 좌선을 하면서 집중하는 것을 가리킨다. 《유마경》 불도품에 이르시길, "팔해탈의 욕지에 선정의 물이 맑고 가득하네(八解之浴池 定水湛然滿) 하셨다. 큰 화원에는 여전히 못이 있는데, 팔해탈은 나의 욕지이니, 그 안에는 선정의 물이 맑고 가득하다. _《유마힐소설경강기維摩詰所說經講記》 , 도원 장로

한층 더, 더욱 더 라는 뜻이다.

## 도의 싹을 촉촉이 적셔 애착의 번뇌를 제거한다.

滋潤道芽除愛結。

**[직강]** 도의 싹을 촉촉하게 적시니, 대단히 청량하고 몸과 마음이 활짝 펴져 편안하고 고요하다. 이러한 달은 정문定門을 대표하고, "애착의 번뇌(愛結)120)를 제거할" 수 있다. "애愛"는 심한 애착(苛愛)을 뜻한다. 즉 자기불만으로 바깥에서 얻고 싶은 욕망이 마음 속에 가득한 상태이다. 선정의 물은 "애착의 번뇌"를 쉬게 한다. 왜 이렇게 말하는가? 진정으로 선정이 있는 사람은 그의 내면에 도달한 즐거움은 세상의 어떤 즐거움을 뛰어 넘어 어떠한 신체적 즐거움, 음식상의 즐거움, 그리고 경계상의 즐거움도 모두 선정의 즐거움과 견줄 수 없다. 그래서 선정은 즐거움을 낳고 이 즐거움은 청정한 즐거움으로 "애착의 번뇌를 제거할 수 있다"고 말씀하신다.

---

120) 구결九結의 하나로, 사물을 탐하는 마음에서 비롯되는 얽매임의 번뇌를 이르는 말.

[6수]

**지혜의 태양은 무명의 어두운 방을 비추어 깨뜨려서**

慧如日照破無明之暗室。

**[직강]** 지혜는 태양과 같아서 허공 한가운데 환히 비추어 무명의 칠흑 같은 어둠을 비추어 깨뜨릴 수 있다. 왜 그러한가? 태양의 힘은 대단히 맹렬해서 무명의 칠흙 같은 어둠 속에 있는 미세한 종자를 비추어 깨뜨릴 수 있다.

**삿된 견해를 지닌 어리석은 범부의 선이**

能令邪見愚夫禪。

**[직강]** 능히 삿된 견해의 선·어리석은 범부의 선을 깨뜨려 버리게 한다. 그는 왜 지혜의 비춤이 없는가? 그의 선정은 이러한 무제無際·무념無念의 선정 한가운데 매우 무겁게 가라앉아 조금도 생기가 없기 때문이다. 지혜의 태양이 환히 비추는 때에 어리석은 범부의 선·삿된 견해의 선이 깨뜨려진다.

**다하여서 반야바라밀로 변화된다.**

盡成般若波羅蜜。

**[직강]** 설사 외도 · 어리석은 범부 · 삿된 법일지라도 만약 지혜가 있으면 그도 다 해서 모두 반야바라밀로 변화된다. 그래서 불법은 평등하다. 올바름과 삿됨의 구분은 어디에 있는가? 반야의 지혜가 있는지, 지혜의 태양이 환히 비춤이 있는지를 살펴서 지혜의 태양이 밝게 비춤이 있으면 삿된 법도 바른 법으로 변화된다.

[7수]

**짧은 시간에 움직이지 않고 일찰나에 고요하다.**

少時默刹那靜。

**[직강]** 짧은 시간 동안 침묵하고, 말을 하지 않으며, 생각을 움직이지 않는다. "묵默"이란 바로 움직이지 않음 · 분별함이 없음이다. 일찰나에 고요하다. 즉 산하대지 · 신심 · 세계 일체가 모두 고요히 그치고, 일체가 모두 움직이지 않아서 고요하다.

**이때 수행을 점점 늘려가 정정正定을 이룬다.**

漸漸增修成正定。

이렇게 일상의 일찰나 일찰나 끊임없이 이렇게 닦고 이렇게 체득하면 "정정正定"으로 변화된다. 한 덩어리를 이루어(打成一片) 시시각각 모두 이러하면 언제라도 움직이지 않아 바로 "정정正定"이다.

**[보충]** 우익대사께서는 《아미타경요해 강기》에서 이르시길, "(팔정도에서) 여덟 번째 무루의 지혜와 상응하여 선정에 드는 것을 정정正定이라 한다." 하셨다.

**모든 성인들의 공과 견주어 헤아리면 그리 많지 않아도,**

諸聖較量功不多。

**[직강]** 모든 성인들의 공행功行이 얼마나 많은지 살펴보면 우리의 공부는 그다지 많지 않아도, 조금씩 체득하고 노력하다 보면 성취한다는 뜻이다.

**[보충]** 「공功」은 공부功夫, 공행功行입니다. 수행이 공부입니다.

「덕德」은 과보果報를 말합니다. 일분의 밭을 갈고 김을 매면 일분의 수확이 생깁니다. 밭을 갈고 김을 매는 것(耕耘)은 공이고, 수확은 덕입니다. 「덕德」은 얻을 「득得」, 득실의 덕과 같은 뜻입니다. 당신에게 공부가 있으면 반드시 수확이 있습니다. 이러한 공부가 진실한 수행입니다. 예를 들면 우리가 계를 지니는 곳은 공功으로 선정을 얻습니다. 계로 인해 선정이 생기니, 선정이 바로 덕입니다. 선정을 닦는 것도 공功이고, 선정으로 지혜가 열리니 지혜 열림이 곧 덕德입니다. 지혜가 열리면 무명을 타파하고 번뇌를 끊어서 자신이 무상보리 열반을 성취할 수 있으면 그것이 바로 덕입니다.

_《불설아미타경요해강기》, 정공법사

## 마침내 심령의 미묘한 성품을 본다.

終見靈臺之妙性。

**[직강]** 이렇게 오랜 시간이 지나 마침내 "심령(靈臺)"121)을 볼

121) 심령을 뜻한다. "필요한 물자를 갖추어 육체를 기르고, 헤아리지 않는 무심無心의 지혜를 몸에 지녀 마음을 생육하고, 자신을 잘 닦아서 외물을 감화시킨다. 이와 같이 하고서도 오히려 여러 가지 재난이 닥치는 것은 모두 자연(天)에 의한 것이지 인간에 의한 것이 아니다. 따라서 그것으로 마음의 안정(成)을 어지럽히기에는 부족하고 또 심령에 들여서도 안 된다. 심령(靈臺)은 지키는 것이 있지만 무엇을 지키는지 알 수 없는지라 억지로 지킬 수 없는 것이다." _

수 있으니, 바로 마음을 밝혀 성품을 봄(明心見性)이다. 그래서 일찰나 일찰나 움직이지 않고 평정심을 지니며 쉬면서 이렇게 오랜 시간이 지나면 성품을 볼 수 있고, 도를 이룰 수 있다고 말씀하신다. 또한 성인의 공행功行과 견주어 헤아리면 그다지 많지 않지만, 일찰나 일찰나 알아차리면서 이렇게 세월을 지내면 심령을 볼 수 있다는 말씀입니다.

[8수]

**잠깐 법을 듣고 비로소 귀를 거쳐서**

曾聞法纔歷耳。

**[직강]** 매우 짧은 시간에 진정한 불법을 듣는다. 비로소 당신의 귀를 막 거치고, 마음에서 명백히 아는 것이 있다.

**능히 식장識藏에 훈습시키고 깨달음의 종자가 생겨난 후**

能熏識藏覺種起。

---

《장자(잡편)》 제23편, 경상초庚桑楚

**[직강]** 당신의 제8의식 식장識藏 한가운데 훈습시킬 수 있어 깨달음(覺悟)의 종자가 생긴다.

**일념에 (심성의) 빛을 돌려 바른 지혜가 열리고,**

一念回光正智開。

**[직강]** 만약 깨달음의 종자가 생기면 선지식이 당신에게 개도開導하여 준다. 개도하는 가운데 당신은 한꺼번에 명백히 알게 되고, 깨달음의 종자가 생기게 된다. 그런 후에 당신이 깨달은 바의 지혜로써 "일념에 (심성의) 빛을 돌려", 비춰 보아 바로 이 순간 보게 된다.

**[보충]** 「일념회광一念回光」은 마음을 돌려 깨달음(幡然醒悟)을 표시한다. "홀연히 선지식의 지시로 제대로 길을 찾아 들어가 「일념에 심성의 빛을 돌려서」 자기의 본성을 득견得見하여 이 성품의 땅에 원래로 번뇌가 없으며 무루의 지혜 성품이 본래 그대로 갖추어져 곧 제불과 더불어 조금도 다르지 않는 까닭에 돈오頓悟라 한다." _《선문정로禪門正路》 성철스님

**마침내 짧은 순간에 성불하니, 법 그대로이다.**

須臾成佛法如是。

**[직강]** 일찰나에 성불하고, 일찰나에 명백히 알게 된다. "어허, 나의 불성이 바로 이렇구나." 명백히 앎을 바로 "수유성불須臾成佛"이라 한다. 즉 아주 짧은 순간에 성불한다. 이러한 성불은 일체중생이 본래 갖추고 있는 진여의 이성理性이 곧 부처인 이불理佛이고, 이때는 다만 법신의 이체理體를 갖추었을 뿐 소법신素法身·본래면목이기 때문에 공덕이 전혀 원만하지 않다. 본성本性 상에서 당신은 성불하여 다른 사람과 같지 않다. 비록 신체는 범부이고 당신의 본성이 이미 열렸을지라도 이렇게 열린 본성은 제불보살과 동일한 면목이고 구별이 없다. 단지 제불보살은 원만하지만, 당신은 여전히 원만하지 않다. 여전히 습기習氣가 있고, 여전히 근진根塵이 있으며, 여전히 몇몇의 반연이 있다. 그래서 여전히 얼마간 차이가 있다고 말한다.

**[보충]** 어떤 이는 '생사는 열반과 상즉해 있다', '번뇌는 보리에 상즉해 있다', '마음이 곧 부처이다', '움직이지 않고도 곧장 도달한다', '수행을 더하지 않아도 바로 정각을 이룬다'는 말을 듣자마자, 시방 세계는 모두 정토이니 향하고 대면하는 이 가운데 깨닫지 않은 이가 없다고 한다. 하지만 지금 부처에 상즉해 있는 것은 이치로서 상즉한(理卽) 것이며 바탕으로서의 법신(素法身)일 뿐이다. _**《천태사교의天台四教儀》, 고려사문 제관諦觀**

화엄경에 이르시길, "일체제불의 법은 그대로 이와 같아 모두 다 보리수 아래에 앉아 불도에 이르지 못한 자를 불도에 머물게 하신다(一切諸佛法如是 悉坐菩提樹王下 令非道者住於道)." 「불법여시佛法如是」는 부처님의 법은 그대로 이와 같아 본래 이런 모습으로 유교에서 말하는 지선至善이나 구경원만의 대선大善의 경계와 같다. _《화엄경강술청화華嚴經講述菁華》, 정공법사

"무슨 까닭인가? 이와 사에 걸림이 없고 사와 사에 걸림이 없어 법 그대로 인 까닭이다(何以故 理事無碍 事事無碍 法如是故)." 불법에서는 지금 부처님과 옛날 부처님께서 다시 오심은 서로 같다(佛佛相同)고 늘 말한다. 지금 부처님께서 설하신 법과 옛날 부처님께서 설하신 법은 다르지 않다. 이러한 이치는 매우 깊다. 그래서 「법여시法如是」라, 법은 확실히 이와 같다. 이 속에 담긴 이치는 매우 깊고 경계는 대단히 심오하다.

_《수화엄오지망진환원관修華嚴奧旨妄塵還源觀》 강기, 정공법사

[9수]

## 선정의 힘은 부사의하여

禪定力不思義。

**[직강]** 선정의 힘은 부사의하다. 이러한 선정의 힘은 바로 지관止觀이자 정혜定慧이므로 부사의하다. 당신이 생각하여 헤아림(思議)에 떨어지면 분별이 생긴다. 그래서 부사의한 마음 · 무분별의 마음으로써 선정을 닦아가는 것이 진정한 정정正定 · 본성의 대정大定이라고 말한다.

## 찰나의 때에 범부를 바꾸어 성인이 되게 하니,

**變凡爲聖剎那時。**

**[직강]** 그것은 일찰나의 시간에 범부를 바꾸어 성인이 되게 할 수 있다. 이것이 바로 돈오頓悟 · 돈증頓證[122]으로 문득 일실상一

122) "이른바 습기習氣는 하루에 형성된 것이 아니라 다생 누겁에 쌓인 것으로 적구積垢이다. 오랜 습관은 고치기 어렵다고 말하는 것은 우리의 기질은 하루하루 축적되어 온 것으로 매우 두껍고 무거워 한꺼번에 밀지 못한다. 그래서 점차 제거하지 않을 수 없고 사事 상에서는 점차 수행해가야 한다. 물론 돈수頓修 · 돈오頓悟 · 돈증頓證도 있지만, 그것은 대근기이다. 이 대근기는 돈수 · 돈오 · 돈증할 수 있지만, 그것도 과거세의 점수 · 점오 · 점증이 누적된 것으로 과거세의 점수 · 점오 · 점증이 없으면 후세 미래의 돈수 · 돈오 · 돈증은 없다. 그래서 모두 점수漸修 · 점증漸證으로 오랜 겁 다생의 누적이다. 닦고 또 닦고 닦아 누겁에 일정 정도에 이르러 「어허! 한꺼번에 돈수 · 돈오 · 돈증하였구나」 말한다. 그래서 누적된 「돈頓」이 바로 현재의 「점漸」으로 모두 이러한 모습이다. 그래서 우리는 두려워하고 의심할 필요가 없다. 단지 시시각각 공부하여 잊지 말아야 하니, 이른바 「다녀도 참선이요 앉아도 참선이니, 어묵동정

實相에 계입契入[123]하여 일찰나의 시간에 그것은 범부를 성인으로 변화시킬 수 있으니, 이는 불가사의하다. 실제로는 일념을 쉬는 지금 이 순간이 바로 성인이지만, 당신은 염념상속念念相續[124] · 염

---

에 본체가 편안하면(行亦禪 坐亦禪 語默動靜體安然)」 된다." _《사람마다 모두 응당 성불한다(人人皆當成佛)》, 원음노인元音老人

123) "「합리환귀일合理還歸一」이라 함은 진리로 계합契合하니 하나라는 말씀이다. 《화엄경》의 「일진법계一眞法界」, 《반야경》의 「일실상一實相」, 《유마경》의 「불이법문不二法門」, 《아미타경》의 「일심불란一心不亂」, 이는 모두 「하나」를 강설한다. 「하나」는 여전히 마지못해 부르는 명칭일 뿐이다. 고덕께서 말씀하시길, 「본래 둘이 없어 하나 또한 세우지 못한다(本自無二 一亦不立).」 하셨다. 이 일은 바로 이른바 「언어도단言語道斷, 심행멸처心行處滅」로 언설로 사량하여 도달할 수 있는 곳이 아니다. 이러한 근원은 말할 수 없고 마지못해 이를 「하나」라고 말한 이상 우리는 「하나」에 대해서도 집착하지 말아야 한다. 집착하면 「하나」로 돌아가지 못한다. 선종의 조사대덕들은 학인의 근기에 계합하도록 하기 위해 이른바 「즉심즉불卽心卽佛, 비심비불非心非佛」, 「구자무불성狗子無佛性, 구자유불성狗子有佛性」이 생겼다. 이러한 공안으로부터 보면 우리는 제불여래 역대조사께서 설하신 언사가 구구마다 모두 활활발발하여 우리가 일실상一實相에 계입하도록 가르치고 결코 죽은 방법으로 사람을 가르치지 않았음을 체득할 수 있다." _《육조단경강기六祖壇經講記》, 정공법사

124) "「염념상속念念相續」에는 두 가지가 있다. 하나는 마음의 상속이고, 하나는 행의 상속이다. 심상心相으로부터는 대낮이나 저녁이나 잠을 자거나 잠을 자지 않거나 상관없이 원생심願生心이 상관하는 것이다. 왜냐하면 「염념상속」은 우리의 제6식이 기억하느냐에 달려 있는 것이 아니라 심령의 깊은 곳에서 귀명하는 것이다. 그래서 잠을 자도 영향을 받지 않고, 행상行相 상에서 바로 염불습관을 양성하여 언제나 염불하고 아미타부처님을 떠나 다른 것을 염하지 않는다. 이것을 염념상속念念相續 · 염념불사念念不捨라 한다. 자성미타를 버리지 않고 정토법문을 버리지 않으며 극락정토를 버리지 않는다. 이렇게 일심으로 아미타부처님께 귀명하고 아미타부처님께 전

념여차念念如此[125])를 해낼 수 없다. 언제나 망념妄念 · 경계境界가 와서 마음을 움직이고 물들일지라도 또한 돌아가서 언제나 이렇게 반복 반복하여 이른 후에 다시 반복하지 않고 한 덩어리를 이루면 당신은 완전한 성인이다.[126] 그러나 당신이 이 일념을 쉬고,

---

일하게 귀의하고 전일하게 염하여 영원히 바꾸지 않고 이번 생을 마치고 영원히 퇴전하지 않겠다고 서원하는 것을 「염념상속」이라 한다. 목숨을 마치는 것을 기한으로 삼는다." _정종淨宗법사.

125) "「일체 처소와 일체 때 가운데에 염념이 어리석지 아니하여 항상 지혜를 행함이 바로 이 반야행般若行이다.」「염념」이라 함은 시간이 가장 짧고 급함을 말한다. 《임자단경신석林子壇經訊釋》에서 어떤 이가 묻건대, 어찌하여 일념이라 하는가? 임자가 답하되, 이른바 일념이라 함은 일체 처소 일체 때 가운데 「염념마다 이러하여(念念如此)」 더 이상 다른 생각이 없음을 말한다. 「마음마음 이러하여(心心如此)」 더 이상 다른 마음이 없다고 말하는 것과 같다. 그래서 심심염념 스스로 이전의 허물을 뉘우치고(懺) 심심염념 스스로 이후의 허물을 뉘우친다(悔). 심심염념 방편(假)을 떠나고 진심(眞)으로 돌아가며, 심심염념 방편도 여의지 않고 진심도 여의지 않는다. 심심염념 삿됨을 버리고 바름으로 돌아오며, 심심염념 삿됨도 없고 바름도 없다. 심심염념 견성을 공으로 삼고, 심심염념 평등을 덕으로 삼는다. 심심염념 안으로 마음을 뉘우쳐서 공으로 삼고, 심심염념 바깥으로 예를 행하여 덕으로 삼는다. 심심염념 위로 공경하고 아래로 보살피며, 외롭고 가난한 이를 불쌍히 여긴다. 심심염념 빛을 부드럽게 하여 중생과 접촉하고 저 장애를 통달한다. 무릇 이런 유와 같다면 이는 모두 일념대지一念大旨이다." _《육조단경전주六祖壇經箋註》, 정복보丁福保거사

126) "일귀하처一歸何處는 도리어 무자無字와 더불어 같지 아니하고, 또한 이 의정疑情이 쉽게 발한다. 한번 들면 곧 생겨서, 반복해 사유하거나 계교해 뜻을 짓지 않아도 의정이 생기기만 하면 점차 덩어리를 이루어 곧 능히 하고자 하는 마음까지 없어진다. 이미 하고자 하는 마음이 없으니, 사량하는 바가 곧 사라져야 온갖 반연으로 하여금 쉬려 하지 않아도 저절로 쉬어지며, 여섯 창(육식)으로 고요하게 하려 하지 않아도 저절로 고요해져야 작은 티끌도 범하지 않

이 일념에 (심성의) 빛을 돌리면 이 일념 찰나의 본질이 바로 성인이고 성인과 구별이 없다. 그래서 "찰나의 때에 범부를 바꾸어 성인이 되게 한다." 하셨다.

**가없는 생사의 근이 이로 말미암아 끊어지고,**

無邊生死根由斷。

**[직강]** 가없는 생사에 모두 분별이 있고 정애情愛가 있으며, 욕망이 있고 집착이 있다. 그러나 이 일념에 (심성)의 빛을 돌린 이에게는 분별이 없고 정욕이 없으며, 물듦이 없고 번뇌가 없다. 집착이 없어 생사의 근이 이로 말미암아 끊어지고, 이 일념이 이미 끊어졌다. 그러나 만약 다시 상속하고 다시 일어나면 그것은 또한 당신의 습기이고 관성의 작용이다. 그러면 염념마다 각조覺照하고 염념마다 (심성)의 빛을 돌리면 그것은 영원히 없고 성인이 된다.

**오랜 겁에 쌓인 진로의 근거지가 무너진다.**

---

고 문득 무심삼매無心三昧에 들어간다." _《선요禪要》, 고봉화상高峰和尙

積劫塵勞巢穴隳。

**[직강]** 오랜 겁에 누적된 오랜 겁의 진로 번뇌, 이 근거지(巢穴)가 떨어져서 사라지고 무너진다. 마치 벌집이 나무에서 떨어져 사라지는 것과 같고, 벌집, 둥지 등에 있는 이러한 근거지가 무너진다. 그래서 선정과 지혜가 이 정도로 중요하다고 말씀하신다.

**[보충]** 《대반야바라밀다경大般若波羅蜜多經》 52권에 이르시길, "선현아, 만일 이 삼마지에 머무를 때 모든 (번뇌의) 근거지를 깨뜨리고, 모든 표지를 버리며, 모든 애락을 끊고 집착이 없나니, 이런 까닭에 「무소혈무표치무애락삼마지無巢穴無摽幟無愛樂三摩地」라 이름하느니라." 하셨다.

[10수]

**마음은 맑은 물과 같아 청정하고 맑다.**

湛心水淨意湛。

**[직강]** 마음은 대단히 깨끗하고 맑으며, 대단히 밝고 환하다. 그것은 조금도 뒤섞인 성질이 전혀 없으며, 대단히 맑고 투명하

여 바닥까지 보인다. 이는 체성體性이다. 당신의 뜻은 대단히 청정하여 밝은 구슬과 같고, 야명주와 같아 대단히 청정하다. 마음(心意)은 모두 맑은 물과 같고, 청정한 구슬과 같다.

**이때 빛이 삼라만상을 삼키고, 천 갈래 길을 밝게 비춘다.**

光吞萬像爍千途。

**[직강]** 빛줄기가 환히 비추어 만상萬象이 모두 이 빛에 포용된다. 그런 후에 천 갈래 길을 찬란히 비춘다. "천 갈래 길(千途)"은 바로 중생 세계의 갖가지 경계이고, 갖가지 경로이며, 갖가지 변화의 길 한가운데이다. 이러한 천 갈래 길을 밝게 비춘다.

**헤집어 열어서 법안이 비추니 아무런 잡티나 그늘이 없고,**

抉開己眼無瑕翳。

**[직강]** "결抉"은 바로 결택抉擇이고, "개開"는 개현開現, 개발이다. "이안已眼", 자신의 법안法眼은 바로 환희 비추는 차별지差別智로 "허허로이 밝아 스스로 비춘다(虛明自照)." 조금도 하자가 없다.

“하자瑕疵”는 바로 옥에 묻은 반점이나 잡티이다. “예翳”는 눈의 각막에 생긴 예병翳病으로 물건이 모호하게 보인다. 아무것도 없고 맑고 투명하여 어떤 사물도 매우 투명하게 보이고 매우 환히 보이다.

**[보충]** “허허로이 밝아 스스로 비추나니, 애써 마음 쓸 일 아니로다(虛明自照하야 不勞心力이라).

허虛란 일체가 끊어진 쌍차雙遮를 의미하고, 명明이란 일체를 비추어 다 살아나는 것으로서, 즉 쌍조雙照를 말한다. 허虛가 명明을 비추고 명明이 허虛를 비춰서 부정과 긍정이 동시(遮照同時)가 된다는 말이다. 이것은 우리에게 본래 갖추어진 자성의 묘한 작용이므로 마음의 힘으로써 억지로 어떻게 할 수 없다는 것이다.”

_《신심명》 강설, 성철스님

## 삼계의 근원에는 일법도 구속함이 없다.

三界元無一法拘。

**[직강]** 이에 욕계 · 색계 · 무색계의 삼계三界 가운데 일법도 당신을 구속할 수 없고 당신을 덮을 수 없으며, 당신에 영향을 미칠 수 없어 더 이상 삼계의 속박을 받지 않는다. 그런 후에 소요자재逍

遙自在하다.

[11수]

**각관의 도적을 즉시 제거하니,**

**覺觀賊應時剋。**

**[직강]** 각覺이 있고 관觀이 있음은 모두 작의作意이다. 이때 각관이 없으면 대뇌의 사고를 통과하지 않는다. 어떤 일을 하던 모두 작의가 없으면 바르고 곧은 마음(直心)이 나타나고, 생각할 필요도 없이 직접 현현하니, 각관의 도적을 즉시(應時)127) 제거하여 사라지게 한다.

**반연의 병통이 홀연 청정하다.**

**攀緣病倏然淨。**

---

127) 여기서는 즉시, 곧, 당장을 뜻한다. 《후한서後漢書》 82권 "어떤 어른이 계셨는데 어느 지방 출신인지 몰라 항상 부수涪水에서 낚시질을 하여서 부옹涪翁이라고 불렀다. 사람들 사이를 떠돌면서 걸식을 하였고, 병든 이를 보면 때때로 돌침鍼石을 놓았는데, 번번이 즉시(應時) 효과가 있었다."

**[직강]** 이런 생각, 저런 생각은 사물에 대한 반영이다. 마음속으로 어떤 사람에 대해 사념 집착하고 어떤 사물에 대해 애착 반연하는 경계가 모두 이미 사라지고 홀연 일순간 청정하니, 당하當下에 원만히 밝게 비추어 안도 바깥도 없고, 오고 감도 없으며, 일체가 평등하여 법계를 원만히 두루 비춘다.

**[보충]** 《능엄경》에 이르시길, "나는 묘명(의 본심)이 멸하지도 않고 생하지도 않음으로써 여래장에 합하나니, 여래장은 오직 홀로 미묘한 각명으로 법계를 원만히 두루 비추느니라(我以妙明不滅不生 合如來藏 而如來藏 唯妙覺明 圓照法界)." 하셨다.

**그래서 망념의 때를 텅 비우고 미혹의 티끌을 씻기니,**

**蕩念垢兮洗惑塵。**

**[직강]** 망념妄念의 때(垢)를 당하當下에 텅 비워 아무것도 없고 남아있지 않게 한다. 그런 후에 모든 미혹의 티끌(塵垢)을 남김없이 다 씻긴다. 즉 정혜가 환히 비추는 가운데 남김없이 씻어 아무것도 없게 한다. 이것은 모두 수증修證에서 가장 중요한 현현이고, 방편이다.

**이때 법신이 현현하여 지혜의 생명이 견고하다.**

顯法身兮堅慧命。

**[직강]** 이때 법신이 현현한다. 법신의 현현은 어떠한가? 한 덩어리로 투명하고 맑고 움직이지 않으며, 환히 비추어 걸림이 없어 당하에 바로 법신이니, 당신의 마음은 만물에 얽매이지 않고 맑아 움직임이 없다. 일심묘용一心妙用은 매우 맑고 투명하며, 텅 비어 밝고, 명명낭랑明明朗朗하여 하나의 망념도 없어 사물이 발생하면 법신 한가운데 현현하니, 이것이 바로 법신이다.

그래서 "지혜의 생명이 견고하다." 말씀하신다. 이전에는 몸을 목숨으로 삼고 정욕을 목숨으로 삼았지만, 이때부터는 지혜를 생명으로 삼는다. 우리의 생명은 바로 지혜이니, 그 지혜는 끊임없이 작용하고, 끊임없이 연속되며, 끊임없이 밝게 비춘다. 이것이 바로 지혜를 생명으로 삼음이다. 지혜 한가운데 에너지가 있고, 힘이 있으며, 영원히 존재한다. 법신 상에서 현현하는 지혜가 바로 보신報身이고, 밝게 비추는 지혜가 바로 보신이니, 법신과 보신은 둘이 아니다.

**[보충]** 경문에 이르시길, "공부가 경계에 이르면 「법계와 신심이 유리와 같다.」 하셨다. 안팎으로 투명하게 통하고, 한 덩어리 맑은 밝음 속에 있다. 그래서 티끌을 없애고 밝음으로 돌아가는

이때,「법계와 신심이 유리와 같고」밝게 사무쳐 걸림이 없다. 밝고, 맑고 투명하며, 밝게 사무치며, 바닥까지 맑은 물과 같다. 유리처럼 안팎으로 밝게 사무친다."

_《능엄경 강좌》, 남회근국사

[12수]

**산이 끊어진 듯 바다가 멈춰선 듯하고,**

如斷山若停海。

**[직강]** 비유컨대 산이 끊어지는 것과 같다. 큰 지진이 나서 찰나의 순간 벼락이 쳐서 산이 쫙 갈라져 끊어져 버린 것 같다. 큰 바다가 정지하여 파도가 정지하는 것과 같다.

**천지가 뒤집어져도 끝내 변함이 없다.**

天翻地覆終無改。

**[직강]** 설사 천지가 뒤집어질지라도 원명의 지혜는 변함이 없다.

법신은 그대로 담연한 한 덩어리이고, 지혜는 그대로 환히 비추어 움직이지 않고 더 이상 바뀌지 않는다. 비유컨대 번개가 치고, 어떤 큰 일이 일어나며, 전쟁이 벌어지더라도 당신이 앉아서 조금도 움직이지 않고, 조금도 영향을 받지 않는 것이 이러한 경계이다. 그것은 하나의 형용으로 어떤 경계가 발생하였든 상관없이 당신의 법신·보신의 지금 이 순간 현량現量[128)]·그 같은 도성道性[129)]에 대해 담연부동湛然不動하여 조금도 영향을 받지 않고, 조금도 놀라지 않으며, 마음이 움직이지 않는다.

## 영롱하여 유리가 보배 달을 머금은 것 같다.

瑩似琉璃含寶月。

**[직강]** 이는 형용으로 "형瑩"은 투명하고 영롱한 것, 말할 수

128) 《유심결》「88. 혹 현량現量에 미혹해 법집法執을 굳게 지닌다.」 해설 참조.

129) 도덕품성, 도에 계합한 성품, 출가인의 이른바 도를 닦는 정지情志 등을 뜻한다. 맹안배孟安排가 《도교의추道教義樞·도성의道性義》에서 가리키길, "도성道性이라 함은 이치가 진극에 존재하고 뜻은 실로 원통하여 비록 명적의 일원에 돌아갈지라도 역시 만물을 두루 구비한다. 번뇌와 미혹에 덮여 잠시 범인에 막혀도 걸리고 묶임이 만약 사라져 다시 성인의 과위에 오르게 되면 이는 그것에 이르렀다(道性者 理存眞極 義實圓通 雖復冥寂一源 而亦備周萬物. 煩惑所覆 暫滯凡因. 障累若消 還登聖果 此其致也)."

없는 것을 체현하니, 마치 매우 투명한 유리가 보배 달을 머금은 것 같다. 유리에 보배 달이 없다면 비록 유리에 광택이 나고 시원할지라도 광명의 체현이 없다. 만약 달빛이 유리 위나 수정 위에 비추어 빛과 수정이 딱 어울리면 그것은 무한한 광채 · 무한한 장엄 · 무한한 변화가 반짝이며 나타나니, 대단히 미묘하다. 마치 옥처럼 불빛이 그것을 비추지 않을 때는 그것은 매우 평범하다. 만약 이 옥을 궤짝 안에 놓아두고 아주 좋은 램프를 비추면 이 옥에는 변화가 나타나는데, 광점光點이 다르고 투명도가 다르며 색채가 달라서 심층적인 변화가 일어난다. 이는 어떤 경계인가? 이것이 바로 도의 경계이고, 도인의 경계이며, 바로 법신과 보신이 현현한 경계이다. 그래서 영롱한 광채가 흘러나오면 마치 유리가 보배 달을 머금은 것처럼 밝게 사무친다고 말씀하신다. 그래서 여기까지 도를 닦아 증득하면 조금 무미건조하지만 대단히 풍부하고, 또한 이러한 경계를 드러내 보여준다.

## 별안간 의탁할 곳도 없고 대대할 것도 없다.

倏然無寄而無待。

**[직강]** 별안간 어떠한 곳에도 의탁할 곳이 없다. 산하대지, 어떠한 사물에도 의탁할 곳이 없다. 어떠한 대대對待할 것도 없이

일체 산하대지가 모두 여기에 현현하니, 앞에서 말한 것처럼 보배 달 안에 산과 인물이 드러내 보이듯이 모두 묘사하고 투명하게 배합할 수 있고, 모두 안에 있는 것 같다. 이런 허공도 안에 있고 만물도 모두 안에 있지만, 이 안에서는 상으로써 보이는 것이 아니고 상 위에서는 보이지 않는다. 이 마음에서 그것은 작기로는 한 점도 없을 만큼 작고, 크기로는 한 변도 없을 만큼 크니, 단지 당하當下에 단지 이렇게 환히 비출 뿐이다. 이는 단지 형용일 뿐, 불가사의한 것으로 말할 수 없다. 한번 말하면 또한 없어서 말할 수 없다. 왜냐하면 그것은 대대할 것이 없고 의탁할 곳이 없기 때문이다. 그래서 선종에서는 "설사 한 물건이라 말할지라도 맞지 않다(說似一物卽不中)." 하였다. 형용하면 바로 잘못이다. 단지 마음속으로만 깨달을 수 있고, 말로는 전할 수 없다. 도를 증득한 사람은 저절로 아니, 바로 이러하다.

**[보충]** ("설사 한 물건이라 말할지라도 맞지 않다(說似一物卽不中)." 하셨으니,) 한 물건이란 어떤 물건인가? 다만 이 하나는 보고도 보이지 않고 들어도 들리지 아니하며 마음으로 생각하여 알 수 있는 길은 끊어지고 어렴풋이 있는 듯 보이다가도 메아리소리처럼 아득해 뒤쫓아 갈 수 없고 황홀하여 헤아리기 어려우니, 미혹함도 아니고 깨달음도 아니다. 범부나 성인으로써 부를 수 없고, 나도 없고 남도 없음이라, 자심이라고도 타불이라고도 이름 붙일 수도 없나니, 그래서 단지 「한 물건」이라 한 것이다. 육조대사께서 이르시길 "한 물건이 있으니 머리도 없고 꼬리도 없으며

명상도 없고 글자도 없으되 위로는 하늘에 닿고 아래로는 땅에 꽉 차있다. 밝기는 태양과 같고 어둡기로는 옻칠과 같다. 항상 움직이고 쓰는 가운데 있으되 거두려 해도 거두지 못하는 것이 이것이다." 하셨다. 비록 이와 같기는 하나 「한 물건」이라는 말도 또한 억지로 말했을 따름이라. 그래서 남악회양南嶽懷讓 화상께서는 "설사 한 물건이라 말할지라도 맞지 않다." 하셨다. 그러니 「여기 한 물건이 있으니」라 함은 바로 이 자리(當處)를 여의지 않고 항상 담연湛然한 까닭에 그렇게 말한 것이다.

_《금강반야바라밀경오가해서설金剛般若波羅密經五家解序說》

[13수]

**반야의 지혜로 사량할 수 없고,**

般若慧莫能量。

**[직강]** 바로 반야의 큰 지혜로 적적寂寂·무념無念 가운데 환히 비춘다. 누가 그것을 사량할 수 있겠는가? 한 사람도 사량할 수 없다. 이는 설할 수 없는 경계로 아무도 사량할 수 없다.

**스스로 그러하여 가는 곳마다 심광으로써 현현하니,**

自然隨處現心光。

**[직강]** 이 한마디 말은 실제實際를 말한 것이다. 여기까지 증득한 사람은 가는 곳마다 모두 심광으로써 만물을 밝게 비추어 현현하게 할 수 있으니, 불가사의하고 가는 곳마다 스스로 그러하다.

**만행의 문 중에서 인도하는 우두머리가 되고,**

萬行門中爲導首。

**[직강]** 그것은 만행의 문 중에 가장 중요하고 가장 근본이며, 인도하는 우두머리이고 작용하는 우두머리이다.

**일체의 때 중에서 법왕이라 불리며,**

一切時中稱法王。

일체의 때 중에서 그것은 바로 법왕이다. 법왕은 특정 한 사람이 아니고, 이 사람이 여기까지 증득하기만 하면 그가 바로 법왕이고,

부처님이다.

[14수]

**고통바다 없어지게 하고, 사견의 산을 깨부수며,**

竭苦海碎邪山。

**[직강]** 이러한 경계까지 수증修證하면 그는 고통 바다를 다하게 할 수 있다. 그는 환히 비추는 경계 중에서 그러한 고난을 다하게 하고, 중생의 번뇌를 다하게 하며, 일체의 경계가 모두 바뀌는 가운데 청정해진다. 그래서 고통 바다를 다 사라지게 하고 모두 마르게 하고, 사견邪見의 산을 분쇄한다고 말씀하신다.

**망상의 구름을 잠깐 한순간 휩쓸고 가니,**

妄雲卷盡片時間。

**[직강]** 망상의 구름을 휩쓸어버린다. 한바탕 바람이 불어와 휩쓸고 감은 잠깐 한 순간이다. 이러한 큰 위력 · 큰 불가사의는

모두 이 법왕의 작용 · 선정과 지혜 원명의 작용이다.

**가난한 여자의 방에는 금은보배가 문득 나타나고,**

貧女室中金頓現。

**[직강]** 마치 가난한 여자처럼 그녀는 숙세의 업이 응보한 관계로 매우 빈궁하다. 그러나 그녀의 방에 문득 금은 재화보배가 드러나 보인다. 바로 수도하는 사람이 여기까지 증득하면 법재法才와 공덕재功德才가 문득 나타나고, 모두 갖추어져 있다. 그 안에 모두 있으니, 바깥에서 구하는 것이 아니다.

**장사의 이마 위 구슬은 몰래 돌아왔다.**

壯士額上珠潛還。

**[직강]** 장사가 다른 사람과 싸우다 이마의 구슬이 갑자기 사라졌는데, 사실 그것은 사라지지 않았고 여전히 안에 있다. 그래서 몰래 돌아와서 다른 곳에서 찾지 못한다. 장사의 이마 구슬은 본래 갖추고 있다(本有)는 뜻이다.

**[보충]** "선남자야, 어떤 임금의 집에 기운 센 장사가 있었으니, 그 사람의 미간에 금강주가 있었는데, 다른 장사와 씨름을 하다가 그 장사에게 머리로 부딛쳐 그 이마 위의 구슬이 피부 속으로 사라져서 모두 구슬이 어디에 있는지 몰랐느니라."

승량僧亮이 말하길, 삿된 말에 억눌림을 사라짐이라 하니, 유명무실하여 피부에 비유하였다. 법요法瑤가 말하길, 바른 믿음이 약해 스스로 견고하지 못해 같은 말 다른 견해를 따른다. 승량이 말하길, 삿된 나(邪我)를 진실로 여겨 참나(眞我)를 깨닫지 못하고 잃어버렸다. 법요가 말하길, 삿된 미혹을 우두머리로 삼아 바른 믿음의 이마를 허물어 버려 바른 믿음이 이미 깨뜨렸으니, 어찌 불성이 있는지 알겠는가? 비록 있는지 모를지라도 지극한 이치에 약하여 구슬이 피부 속으로 사라진 것과 같다.

_《대반열반경집해大般涅槃經集解》

[15수]

**어리석음의 그물을 자르고 욕망의 흐름을 멈추게 한다.**

斬癡網截欲流。

**[직강]** 이는 정혜 공덕의 작용을 찬탄한 것이다. 그것은 우치愚癡

의 그물을 자르고 끊어 사람으로 하여금 지혜롭게 하고 다시는 어리석지 않도록 한다. 또한 욕망의 흐름을 멈추게 하여 더 이상 욕망의 흐름에 영향을 받지 않도록 한다.

**대웅의 위용은 다시 짝할 것이 없어서**

**大雄威猛更無儔。**

**[직강]** 어떤 사물도 그것과 필적할 만한 것은 없다. 그것은 가장 용맹스러운 대웅의 역량이자 본성의 역량이다.

**쇠로 된 평상과 구리로 된 기둥을 식힐 수 있다.**

**能令鐵牀銅柱冷。**

**[직강]** "쇠로 된 평상과 구리로 된 기둥(鐵床銅柱)"은 바로 지옥이다. 지옥을 식혀서 지옥이 텅 비게 할 수 있다. 지옥을 비추어 지옥이 텅 비게 할 수 있다. 그래서 부처님의 발가락은 땅을 가리키고, 지옥을 비추어 지옥의 고난을 문득 멈추게 하고, 지옥의 중생을 위로 올라가게 한다. 이러한 경계를 닦으면 진실로 불가사의하다.

그것이 중생을 한번 비추면 번뇌가 갑자기 사라지고, 망상이 텅 비워진다. 도력道力의 개현開現을 따라서 점점 더 격렬해지고, 대천세계를 비추어 우주를 두루 비출 수 있지만, 연분·상응이 있어야 비로소 이러한 대지혜가 환히 비출 수 있다. 만약 연분이 없고 상응이 없다면 고난은 여전히 고난이고 지옥은 여전히 지옥이다. 왜냐하면 인연이 없고 상응이 없으면 여전히 쓸모가 없기 때문이다. 그래서 어떤 사람은 "왜 부처님께서 광명을 환하게 비추어서 우리들 모두 극락세계로 제도하지 못하는가?" 하고 묻는다. 이는 불가능하다. 왜냐하면 당신의 업력과 집착 때문이다. 게다가 당신이 부처님과 매우 깊은 인연을 맺지 않으면 아무런 방법이 없다.

**[보충]** 《능엄경》에 이르시길, "아난아 첫째는 음란한 습기라. 음란한 마음이 끌어안고 비비는 데에서 생겨나고 이를 그치지 않으면 그 가운데 맹렬한 불길이 일어나게 되는데 마치 사람이 손을 비비면 뜨거운 기운이 앞에 나타나는 것과 같다. 이와 같이 두 가지 습기가 서로 타오르기 때문에 지옥에 들어가 무쇠로 된 평상과 구리로 된 기둥으로 가하는 등의 고통을 받게 된다." 하셨다.

지장보살께서 "지옥이 공空하지 않으면 성불하지 않겠나이다(地獄不空 誓不成佛)." 서원하시니, 자비심이 절정에 이릅니다. 지옥은 고난 받는 장소로 다른 사람은 가길 바라지 않으나 그는 가고, 다른 사람은 괴로움을 겪길 바라지 않으나 그는 기꺼이 겪습니다. 지옥에서 중생을 교화하기 위해서 반드시 지옥과 동류의 몸으로 나타나고 동류의 행을 닦아야 합니다. 즉 지옥 중생이 괴로움을 겪으면 보살도 그 괴로움을 겪는 모습을 보여야 비로소 지옥 중생을 감화시켜 깨닫게 하고, 참회하고 뉘우치게 할 수 있습니다.

_《지장보살본원경地藏菩薩本願經》 강기, 정공 법사

**문득 마구니와 원수로 하여금 업의 과를 그치도록 한다.**

頓使魔怨業果休。

**[직강]** 문득 마구니는 이 속에서 녹아 사라지고, 원수의 힘은 모두 잃어버려서 일체 마구니와 원수들은 작용할 수 없다. 어떤 업이든 어떤 과이든 모두 소멸해 버리고, 멈춰 버릴 수 있다.

[16수]

**쟁송에 대해 화해를 하고 효행을 이루며,**

和諍訟成孝義。

**[직강]** 어떤 분쟁이 있어 소송을 하던, 무언가 불공평한 것이

있든 모두 심광心光이 밝게 비추는 가운데 풀어질 수 있다. 시빗거리를 만든 사람은 여기에 이르면 차마 입을 열 수가 없고, 갈등·쟁송하는 사람도 여기에 이르면 모두 평온해진다. 효의孝義[130]는 대효大孝이다. 무엇을 대효라 하는가? 모든 과거의 은전恩典, 다른 사람에게 은혜를 입은 사람이 그것을 만나면 모두 갚을 수 있다. 심광이 시시각각 비추기만 하면 모두 일체의 은전을 갚을 수 있다. 과거의 부모·자매·형제의 은혜를 모두 갚을 수 있다. 어떤 물질을 가지고 보은할 필요 없이 단지 심광이 비추기만 하면 바로 일체중생의 은혜를 다 갚을 수 있다. 이는 불가사의하다. 이는 대효, 진정한 효를 이룬다.

**[보충]** "관청의 법정에서 소송하고 다툴 때나 군대의 진영에서 전쟁함에 두려울 때 저 관음의 명호를 염하여 위신력에 의지하면 온갖 원적 모두 물러나 흩어지느니라(諍訟訟經官處 怖畏軍陣中 念彼觀音力 衆怨悉退散)." 사건으로 소송에 매이고, 몸이 군대 진영에서 전쟁에 임하여, 형벌을 받을까 근심하고, 목숨을 잃을까, 병사가 쇠잔해질까 걱정되며, 지금과 옛날의 원수가 이때 함께 모이니, 한마음으로 감응에 집중하여 온갖 고난을 모두 물리쳐서 대사의 위신과 지혜의 힘이 더욱 드러난다.

_《관세음보살보문품심요》(비움과소통)

130) "수천수만 경전에서는 효의孝義가 우선이고, 천상과 인간계에서는 중생을 돕는 방편이 제일이다(千經萬典 孝義爲先 ; 天上人間 方便第一)." _《명심보감》 계선편.

《육조단경》에 이르길, "만약 진정으로 도를 닦는 사람은 세간의 허물을 보지 아니한다." 하였나이다. 저희들이 육화경六和敬의 도를 수행하기로 발심하였나니, 반드시 자신의 신업으로 화해하고, 구업으로 화해하며, 의업으로 화해하겠나이다. 오로지 진정으로 정성을 다해 다른 사람과 화해하도록 힘쓸 뿐, 절대로 다른 사람에게 화해를 요구하지 않겠나이다. 저희들이 일체 생활을 꾸려나가는 도구를 원컨대 대중과 함께 누리게 하소서.

_《당생성불》(비움과소통)

「효孝」 자는 위에는 노老자이고, 아래는 자子 자입니다. 이 두 세대가 합하여 하나가 되는 것을 「효도를 다한다(盡孝)」고 말하며, 합하여 하나가 될 수 없는 것을 「불효」라 말합니다. 이 글자의 함의는 한없이 심원하여, 과거는 시작이 없고 미래는 끝이 없으며, 부자가 일체가 될 뿐만 아니라, 할아버지와 손자가 일체이고, 진허공 · 변법계의 유정과 무정이 모두가 한 몸에 속합니다. 효는 바로 원만이며, 원만한 효순孝順이 바로 성불입니다. 《화엄경》에서 "유정과 무정이 똑같은 원만한 종지種智이다"라고 하였습니다. 이는 바로 효순의 원만한 모습이고, 또한 바로 법신입니다. 효심이 사事 상에서 표현한 것은 평등한 마음이고, 대지혜이며, 대자비심으로 제불여래께서는 이를 모두 실행하셨습니다.

_《무량수경친문기》(비움과소통)

**두루 중생심 가운데 제불의 지혜가 나타난다.**

普現群生諸佛智。

**[직강]** 심광이 여기까지 비추면 중생심 가운데 부처님의 지혜가 확 트이면서 환히 밝아진다.

**변견과 사견, 악한 지혜를 지닌 사람이 다 조종朝宗하고,**

邊邪惡慧盡朝宗。

**[직강]** 그 같은 변견邊見·사견邪見과 그 같은 아주 나쁜 지혜를 가진 전도된 지혜를 가진 사람이 심광을 만나면 모두 조종朝宗한다. 즉 정도正道로 돌아가게 하고, 정종正宗으로 돌아가게 하며, 불문으로 돌아가게 하여서 그를 쉬게 하니, 이는 불가사의하다.

**[보충]** 남명전南明泉선사가 《증도가證道歌》를 지어 노래하길, "삼독의 물거품이 헛되이 출몰하니, 일어나고 사라짐에 종적 없어 궁진할 수 없네. 물과 물거품 명상名相이 다르다 하지 말지니, 천만 물결이 모두 조종朝宗[131]하느니라." 하셨다.

---

131) 《시경詩經》 면수장沔水章에서 노래하길, "저 넘실넘실 흐르는 물이여, 바다로 흘러들어가는구나(朝)" 하였다. 제후諸侯가 봄철에 천

## 누의螻蟻도 곤봉鯤鵬도 나란히 수기受記를 받는다.

螻蟻鯤鵬齊受記。

**[직강]** 누의螻蟻도 좋고 곤붕鯤鵬도 좋아 모두 수기受記를 받는다.[132] 심광의 한가운데 그것에게 수기를 주니, 장래에 모두 성불할 것이다. 누구든 상관 없이 심광을 만나면 장래에 모두 성불할 것이다. 그러나 단지 시간문제일 뿐이고, 모두 이 심광이 찬란하게 비추면 누구든 부처님을 친견한다. 경전에서 곧장 제불을 만난다고 말씀하신다. 우연히 부처님을 만나면 당신은 마침내 성불한다.

---

자天子를 알현하는 것을 조朝라 하고, 여름철에 알현하는 것을 종宗이라 한다. 《상서尙書》 우공禹貢편에서 말하기를, "강수江水와 한수漢水의 물결이 바다로 흘러 들어간다." 하였다. 두 강물이 바다로 흘러 들어가는 것이 마치 제후가 천자를 조회(朝)하는 것 같다. 백천百川은 바다를 근본(宗)으로 삼는다. 근본으로 삼는다는 것은 존숭한다(尊)는 말이다. _《남명전화상송증도가사실南明泉和尙頌證道歌事實》

132) 누의螻蟻는 땅강아지나 개미로 힘이 미약하거나 지위가 낮으며 대수롭지 않은 사람 · 일 · 사물을 비유한다. 도보는 〈늙은 측백나무(古柏行)〉에서 노래하길, "괴로운 마음에는 어찌 누의가 침노함을 면하겠는가, 향기로운 잎새에는 일찍이 난봉이 머물렀다(苦心豈免容螻蟻 香葉曾經宿鸞鳳)." 구만리를 날아올라가는 곤붕(鯤鵬)을 말한다. 《장자(莊子)》 〈소요유(逍遙遊)〉에 "북쪽 바다에 물고기가 있는데 그 이름을 곤鯤이라 한다. 곤의 크기는 몇 천리나 되는지 알 수가 없다. 변하여 새가 되는데 그 이름을 붕鵬이라 한다. 붕새의 등은 몇 천리나 되는지 알 수가 없다. …… 붕새가 남쪽 바다로 날아갈 때는 물결을 3천 리나 박차고 회오리바람을 타고 9만 리나 날아올라가 여섯 달을 가서야 쉰다."

《법화경》에서 이르시길, "어떤 이가 산란한 마음으로 탑묘 속으로 들어가 「나무불」 한번 칭념하면 모두 이미 불도를 이루었느니라(若人散亂心 入於塔廟中 一稱南無佛 皆已成佛道)." 하셨다. 즉 일승불도一乘佛道의 인연을 맺고 필경에 성불할 수 있다. 언제 성불하는가에 불과하지만, 여전히 당신의 기연機緣을 보아야 하고, 이는 절대적인 것은 아니다. 어떤 이는 여전히 게으르고, 어떤 이는 꼼꼼히 각조覺照하여 조금 빨리 깨달을 수 있어 같지 않다. 그러나 어떤 이는 선정과 지혜를 함께 닦지 않고 치우친 견해가 있어 아래와 같은 문제가 발생한다.

**[보충]** "보살 일천제一闡提는 일체법이 본래 이미 열반에 든 것임을 알고서 끝내 반열반般涅槃에 들지 않나니, 일체 선근 일천제를 버린 것이 아니다. 대혜야, 일체 선근을 버린 일천제는 다시 여래의 위신력으로 문득 선근이 생기기도 한다. 왜 그러한가? 여래께서는 일체 중생을 버리지 않는다고 하셨다. 이러한 까닭에 보살 일천제는 열반에 들지 않는 것이다."

부처님께서는 답하시길, 보살 일천제는 일체법이 공이고 본래 곧 열반상이며, 달리 열반을 얻을 수 없음을 알고 있는 까닭에 이 보살은 끝내 반열반에 들지 않고 선근의 일천제를 버리는 것이 아니다. 그러나 선근을 버린 일천제는 제불보살의 자비 위신력의 가피를 만나 이에 부처님의 종자를 훈습하고 발하니, 부처님께서는 영원히 중생을 버리시지 않는 까닭이다.

_《능가경의기楞伽經義記》 태허대사 강술

[17수]

**선정에 치우쳐 닦으면 순음으로 물질이 사라져 바른 생활이 파괴된다.**

**偏修定, 純陰爛物剎正命。**

**[직강]** 선정에 치우쳐 닦음이라 함은 선정을 닦는 것을 좋아하고, 선정에 치우쳐 지혜가 없다는 말이다. 그러면 그것은 음기가 순일하다(純陰). 물질이 흩어져 사라져버려 그것은 바로 공덕을 생하지 않는다. 공덕이 생기지 않아 그 안에는 순양純陽이 없고 물질이 사라져 버린다. 안에서 쉬어 기분이 가라앉고 생기가 없다. 그래서 바른 생활(正命)을 파낸다고 말씀하신다. 바른 생활이 그것에 의해 속이 비고 파괴된다.

**[보충]** 정명(samyag-ājīva)은 팔정도의 하나로 살생殺生 등에 기반을 둔, 도덕에 어긋나는 직업이나 일은 하지 않고, 정당한 생활을 영위하는 것이다. 《남전상응부경전》의 분별경에서 이르시길, "비구들이여, 정명이란 무엇인가? 성스러운 제자(ariyasvako)가 삿된 생활을 끊고 바른 법을 지키며 산다. 이것을 정명이라

한다." 하셨다.

우익대사께서는 《아미타경요해 강기》에서 이르시길, "(팔정도에서) 다섯째 삿된 생계(五種邪命)를 버리고 청정하고 바른 생계 가운데 머무는 것을 정명正命이라 한다." 하셨다.

## 만약 바른 지혜로 선나를 비추면

若將正慧照禪那。

**[직강]** 만약 바른 지혜로 당신의 선정을 비추면

**[보충]** "바른 선정의 마음은 일체공덕을 성취할 수 있어 머무는 곳마다 걸림이 없다(正定心也 能成就一切功德 所往無碍也). 바른 지혜의 마음으로 말미암아 일체 유위 무위의 공덕이 생길 수 있다(由正慧心能出生一切有爲無爲功德也)."

_《금강경육조구결金剛經六祖口訣》

## 저절로 만법이 거울처럼 밝다.

自然萬法明如鏡。

**[직강]** 모두 활발하게 현현한다. 치우친 것을 바로 잡아야 한다. 선정에 치우친 사람은 비추어야 한다. 비춤에 치우친 사람은 선정에 들어야 한다. 그런 후에 선정과 지혜가 원명圓明한 경계에 도달한다.

[18수]

**지혜에 치우쳐 닦으면 순양으로 물질이 시들어 우회하거나 막히고,**

偏修慧，純陽枯物成迂滯。

**[직강]** 지혜에 치우쳐 닦는 사람은 "순양純陽"으로 물질이 타버리고 시들어버린다. 마치 나무에 물을 뿌려주지 않고 태양이 내리쬐면 타버리고 시들어버리는 것과 같다. 조만간 우회하거나 막힌다. 거기서 멈춰서 그는 활력을 낼 수 없었고 발전할 수 없었다.

**모름지기 미묘한 선정에 의지해 관문을 돕는다.**

須憑妙定助觀門。

**[직강]** 무엇을 미묘한 선정(妙定)이라 하는가? 미묘한 선정은 없다. 착정著定[133]에 집착하지 말아야 하고, 마음을 죽여서도 억눌러서도 안 되며, 법에 집착해서도 안 된다. 그러면 저절로 선정에 든다. 즉 망심妄心을 쉬고서 움직이지 않음이 바로 선정이다. 그래서 "관문을 돕는다" 말씀하신다.

**달빛이 또렷한 것처럼 자욱한 안개와 눈병을 제거한다.**

如月分明除霧翳。

[19수]

**평등하게 수학할 것을 권하니, 치우쳐서 닦지 말라.**

勸等學莫偏修。

**[직강]** 우리들에게 평등하게 수학하고 평등하게 선정과 지혜를

133) "보살은 모든 부처님의 정토에 들어가 광광광화光光光華삼매 가운데 한량없는 부처님을 나타내 손으로 이마를 어루만지며 여래는 하나의 법음法音으로 백천 가지 성스러운 가르침을 일으키되 정定으로부터 나오지 않고 주정住定·미락정味樂定·착정著定·탐정貪定·정정正定의 상태에서 일겁·백겁·일천겁·다겁 동안 정定에 머뭅니다." _《대승유가금강성해만수실리천비천발대교왕경大乘瑜伽金剛性海曼殊室利千臂千鉢大教王經》 제9권

닦을 것을 권하시고, 치우쳐서 닦지 말라고 하신다.

**종래로 하나의 몸에 두 개의 머리가 없으니,**

從來一體無二頭。

**[직강]** 종래로 하나의 몸에 두 개의 머리는 없다. 두 개의 머리는 바로 분별함이고 치우침이다. 수행인은 일체불이一體不二를 깨닫는 것이 대단히 중요하다. 모두 평등일여平等一如로 선정과 지혜가 동시에 당하에 현현하여야 한다.

**새처럼 양 날개가 있어 허공법계를 날고,**

似禽兩翼飛空界。

**[직강]** 마치 새처럼 양 날개가 있어 비로소 하늘을 날 수 있는 것과 같다.

**[보충]** (선정과 지혜가 원명한) 부처님과 대보살들의 경계 속에서는 진허공·변법계가 하나의 자신입니다.

선정과 지혜가 상즉을 이루는 노래(定慧相資歌)

_《불설아미타경요해강기》, 정공법사

## 수레처럼 두 바퀴가 달려 있어 흰 소에 올라타서

如車二輪乘白牛。

**[직강]** 수레에 두 바퀴가 달려 있어 흰 소에 올라타 원만한 도과道果를 향해 갈수 있는 것과 같다.

**[보충]** "또한 경에 양 사슴 소의 세 가지 수레와 흰 소의 수레를 말씀하셨으니, 어떻게 구별하는지 원컨대 화상께서는 다시 법문을 드리워 주십시오." 양의 수레는 성문을 비유하고 사슴의 수레는 연각을 비유하며 보살의 수레이다. 흰 소의 수레는 일불승을 비유한 것이다.

"비록 흰 소가 끄는 수레에 앉아서 다시 문 밖에 있는 세 수레를 찾는 줄 모른다. 하물며 경문에 그대를 향하여 밝혀 말씀하시길, 오직 일불승이요." 부처님의 지견은 사람마다 자성 한가운데 있는 까닭에 흰 소에 앉아있다고 비유하였다. 일불승은 곧 사람마다 자신의 불성이고 또한 부처님의 지견이다. 또한 곧 사람마다 스스로 흰 소가 끄는 수레에 앉아 있음이다.

_《육조단경전주六祖壇經箋註》, 정복보丁福保거사

**곧 범부의 길로부터 깨달음의 언덕에 오르고,**

卽向凡途登覺岸。

**[직강]** 만약 이렇게 해낼 수 있다고 말하면 설사 범부의 길 한가운데 일지라도 성인의 언덕에 올라 성인의 경계 가운데 이를 수 있다. “각안覺岸”은 깨달음(覺悟)의 언덕을 뜻한다.

**방편으로 업의 바다에 자비의 배를 띄운다.**

便於業海泛慈舟。

**[직강]** 방편으로 업의 바다에 자비의 배를 띄어 중생을 제도할 수 있으려면 반드시 선정과 지혜가 원명圓明해야 한다. 업의 바다 가운데 자비의 배로써 중생을 구제하려면 치우쳐서는 안 되기 때문이다. 치우치지 않은 관계로 중생으로 하여금 당신의 원명한 경계에 진입하여 성취할 수 있어 그가 선정에도 치우치지 않게 하고, 지혜에도 치우치지 않게 한다.

[20수]

**혹은 사정事定으로 마음을 한곳에 묶어두어 일을 마치지 않음이 없고,**

或事定, 制之一處無不竟。

**[직강]** 이 수에서는 선정을 말씀하신다. 혹은 사상事相의 선정을 어떻게 닦는가? "일처一處"는 바로 한 곳을 말한다. 주문을 염하거나, 혹은 어떤 사물·불상· 연꽃·기맥을 관상하는 것을 사정事定이라 한다. "반드시 마음을 한 곳에 멈추어 두어 움직이지 않아야 한다. 그러면 "일을 마치지 않음이 없다." 완성하지 않음이 없고, 성취하지 않음이 없다.

**[보충]** 《유교경遺教經》〈수집대치지고공덕修集對治止苦功德〉에 이르시길, "마음을 한 곳에 묶어두면 일을 마치지 못함이 없다(制之一處 無事不辦)." 하셨다.

**혹은 이정理定으로 오직 곧장 심성心性을 관한다.**

或理定, 唯當直下觀心性。

**[직강]** 무엇을 이정理定이라 하는가? 바로 곧장 심성을 관함이다. 일념도 생하지 않는 곳에, 마음을 일으키고 생각을 움직이는 근원상에 당신의 심성을 관하는 것을 이정이라 한다. 이정理定은 반드시 좌선을 하지 않고서 언제라도 관할 수 있다. 앉아도 앉지 않아도 모두 지장이 없다. 그러나 사정은 반드시 좌선을 하여야 한다. 반드시 좋은 환경, 적합한 방법이라야 선정에 들 수 있다.

[21수]

**혹은 사관事觀으로 제법의 상을 밝혀 사량분별이 생겨나고,**

或事觀，明諸法相生籌算。

**[직강]** 혹은 사상事相의 관觀으로 곧 제법의 상을 밝혀 사량분별·갖가지 사물의 차별·갖가지 도리· 갖가지 법상·갖가지 경계가 생겨나는 것을 사관, 사상의 관이라 한다.

**[보충]** "능선분별상能善分別相"에서, 「분별」에는 셋이 있으니 첫째는 자성분별이고, 둘째는 계도분별計度分別이며, 셋째 수념분별隨念分別로 갖가지 차별을 사량추도思量推度하는 일을 말한다. 「상相」은 곧 제법의 상·구별의 상으로 외부에 드러날 수 있는 것으로서, 일체 세속제·유위무위로 통괄하여 제법의 상이라 이름한다.

《경》에 이르시길, "제법의 상을 잘 이해하여 중생의 근기를 안다." 하셨다. 사사물물을 말할 수 있어 여유있게 조치하고, 사물의 본래상태에 순응하여 사물을 바라보며(因物付物), 그 마음을 움직이지 않음이 바로 "제법의 상을 잘 분별함이다." 거울 빛이 사물을 비춤과 같아 그 그림자가 또렷할지라도 거울 빛은 움직인다 할 수 없다. 또 《경》에 이르시길, "경계가 유심임을 통달하지 못하여 가지가지 분별이 일어나고 경계가 유심임을 깨달으면 분별은 일어나지 않는다." 하셨다.

_《육조단경주해무상송게六祖壇經註解無相頌偈》

**혹은 이관理觀으로 하나도 없고 그 끝도 없음을 문득 깨치기도 한다.**

或理觀，頓了無一無那畔。

**[직강]** 이관理觀은 무엇인가? 바로 "문득 요달함(頓了)"으로 하나도 없고 끝(邊畔)도 없으며, 하나도 중간도 변경도 없으며, 일체법을 얻을 수 없음을 이관이라 한다.

[22수]

**선정이 곧 지혜이니, 하나도 아니고 둘도 아니며 심계도 아니다.**

定卽慧，非一非二非心計。

**[직강]** 선정은 바로 지혜이다. 선정으로 일념도 생하지 않고 적적寂寂하며, 적적寂寂 가운데 밝게 현현하니, 이것이 바로 "정즉혜定卽慧"이다. 바로 관이고, 바로 혜이다. 선정에서부터 지혜를 체현하니, 바로 적적寂寂 가운데 밝게 비춤을 체현한다. 그래서 "선정이 곧 지혜"인 경계일 때 하나도 아니고 둘도 아니고 심계心計도 아니어서 어떤 심계도 없다.

**지혜가 곧 선정이니, 같지도 다르지도 않고 관觀과 청聽을 뛰어넘는다.**

慧卽定，不同不別絶觀聽。

**[직강]** 지혜가 곧 선정인 경계는 어떠한가? "지혜가 곧 선정"인 경계는 바로 환히 비추는 가운데 바로 선정이다. 이때 "같음"이 없다. 상동相同도 없고 차별差別도 없다. 관觀과 청聽을 초월한다.

실제 공부는 어떻게 하는가? 좌선을 할 때나 평상시에도 일념도 생기지 않을 때 매우 청정하고, 담연한 한 덩어리가 환히 비추어, 환히 비춤을 체현하고, 명명낭랑明明朗朗하게 비춘다. 이때가 바로 "선정이 곧 지혜이다." 만약 밝게 비추는 가운데 적적寂寂 가운데로 돌아가면 어떠한 같음도 없고 어떠한 차별도 없으며, 관도 없고 청도 없다. 환히 비춤을 쉬면 적적寂寂 가운데로 돌아가고, 이때 대단히 편안하여 어떤 일도 들리지 않고 바깥에 소리도 없어 몸도 존재하지 않는다. 이것이 바로 "지혜에 즉한 선정" "선정에 즉한 지혜" 최후의 원명경계에 이른 때 선정과 지혜를 분리할 수 없으며, 바로 선정이고 또 지혜로 불가사의하다. 그래서 아래에서 이렇게 말한다.

[23수]

**혹은 쌍으로 운영하여**

或雙運。

**곧 고요하니 비추어 참된 가르침을 통달한다.**

卽寂而照通眞訓。

**[직강]** "진훈眞訓"은 바로 부처님의 가르침이자 부처님의 지견을 개시함이다.

[24수]

## 혹은 함께 사라져서

**或俱泯。**

**[직강]** 함께 소멸할 때 선정도 없고 지혜도 없으며, 모두 알 수 없고 볼 수 없다.

**[보충]** 민泯은 공空을 형용하는 말이다. 물건의 자취가 없어지거나 망념·사량분별이 없어진 상태를 뜻한다. 곧 평등·무분별의 상태를 가리킨다.

## 선정도 아니고 지혜도 아니며 통상의 표준을 벗어난다.

**非定非慧超常準。**

**[직강]** 세계에는 어떠한 표준도 없고, 통상의 표준도 없어 불가설

·불가설이다. 이때 하나는 "드러내 비추고(顯照)", 하나는 "자취가 사라진다(泯跡)." "현조顯照", 낱낱 사물(頭頭) 상에서 드러내고, 만물이 모두 그의 도리가 있고 모두 그의 규율이 있다. "사라질(泯)" 때 흔적도 없고, 말로도 그것을 말할 수 없으며, 그것을 드러내 보일 방법도 없다.

[25수]

## 티끌 하나도 선정에 들고 뭇 티끌이 일어나서

一塵入定衆塵起。

**[직강]** 이러한 선정과 지혜가 원명한 경계 중에 티끌 하나 가운데 선정에 들고 다른 중생이 작용을 일으킨다. 즉 이곳에서 선정에 들고 저 곳에서 작용을 일으키니 그것은 불가사의하다. 이들은 모두 아마도 비교적 체득하기 어려울 것이다. 예를 들면 당신이 당하當下에 원명한 경계 가운데 이곳에서 적적부동寂寂不動하고 다른 곳에서 드러내 비출 수 있는데, 이러한 근기根基를 비추고 이러한 연기緣起를 비추니, 불가사의하다. 당신은 일체 중에 매우 많은 작용이 있다. 당신의 이근이 고요하면 안근이 작용을 드러낸다. 어떤 이는 말하길, "사평四平에서는 고요하여 이곳에서 일념도 생하지 않았는데, 북경에서 일어나거나 외국에서 일어나니, 참

불가사의하다.” 바로 이런 경계이다.

**반야문 중에서 법이도리法爾道理를 이룬다.**

般若門中成法爾。

**[직강]** 그래서 이는 “반야문 중에서” 법이도리法爾道理134)를 이룬다. 의도가 있는 것이 아니라 그것은 저절로 비추고 저절로 안다. 어디에서는 어떤 작용, 어떤 곳에서 어떤 변화를 일으키고, 어디에서는 작용하지 않고 바로 쉰다. 모두 법 그대로 의도를 가지고 하는 것이 아니다.

**동자의 몸 가운데 삼매로 들어갈 때**

童子身中三昧時。

**노인의 신분으로 진괘를 이야기한다.**

老人身分談眞軌。

---

134) 《유심결》「86. 혹 모든 인연을 없애고 연기의 가를 싫어해 법이도리法爾道理의 문에 어긋난다.」 참조할 것.

**[직강]** 또한 다른 곳에서는 노인의 신분으로 "진괘眞軌를 이야기 한다." "진괘眞軌"란 바로 대도大道이다. 다른 노인은 바로 동자이고, 동자가 바로 노인이다. 실제로 선정과 지혜가 원명圓明한 경계에서는 동자도 아니고 노인도 아니다. 그는 작용이 다른 신분으로 출현하고 현현할 수 있다는 뜻이다. 이곳의 동자는 선정에 들어가고 삼매에 들어가며, 그곳의 노인은 설법하고 걸림없이 화현한다. 육체로써 나타나기도 하고, 광명으로써 나타나기도 한다. 다른 사람은 모두 한 사람이 보이고, 어떤 사람이 와서 가지加持한다. 이 사람은 아마도 문수보살로 나타나기도 하고, 관세음보살로 나타나기도 하며, 그가 아는 사람으로 나타날 수 있다. 모두 백천만억의 변화가 이곳에서 현현한 것이다.

[26수]

**일경을 관할 수 있어 만 가지 경계도 같으니,**

能觀一境萬境同。

**[직강]** 일경을 관할 수 있어 만 가지 경계도 모두 서로 같다. 하나가 바로 일체이고, 일체가 바로 하나이며, 원통하지 않음이 없고 사무치지 않음이 없다.

**[보충]** 「초기입리超氣入理」. 이른바 또렷이 스스로 밝음은 상象에도 또렷하고 기氣에도 또렷함이다. 그런 후에 저절로 이理를 밝히니, 이른바 기氣를 뛰어넘어 이理에 들어간다. 이理란 비추지 않는 바가 없고 밝히지 않은 바가 없다. 이를 일러 「일리에 통하여 만리에 사무친다(一理通萬里徹).」 한다. 도를 닦는 목적은 이것에 있다. 그래서 기상氣象을 뛰어넘을 수 있으면 곧 기상에 매인 바가 되지 않고 마음이 곧 사물을 굴릴 수 있다. 이와 같으면 여래와 같다. 바로 이理에 들어가 기수氣數에 매인 바를 받지 않는다.

그래서 능엄경에서 이르시길, 「만약 능히 사물을 굴릴 수 있으면 곧 여래와 같다(萬能轉物卽同如來).」 하셨다. 고덕께서는 「심처가 만 가지 경계를 따라 구르고, 구르는 곳마다 실로 그윽할 수 있다(心處萬境轉 轉處實能幽)」 하셨다.

_《제공활불사존자어濟公活佛師尊慈語》

**가까이 육진에서 멀리 찰토에 이르기 까지 통달하지 않음이 없다.**

近塵遠刹無不通。

**[직강]** "근진近塵", 우리들 이런 사물 모두가 진塵이고, "원찰遠刹", 대단히 요원한 세계를 말한다. 아무것도 통하지 않음이 없고, 걸림없이 통달하였다.

## 진여의 길 위에서 생사를 논하고,

**眞如路上論生死。**

**[직강]** 시현示現하여 진여의 길 위에서 무엇을 논하는가? 생사를 논한다. 실제로는 모두 진여의 묘현妙現 경계로 생을 말하고 사를 말할 수 있어 모두 걸림이 없다. 이는 모두 인간으로 나타내 보이는 변화이다.

**[보충]** 경문에 이르시길, "저 들은 바가 아니면 일체경계는 끝내 취해서는 안된다(非彼所聞一切境界 終不可取)." 하셨다. 법에 의지해 관觀을 이루고 관으로 인해 「묘妙에 들어가 모든 진경眞境을 나타나고」 도용道用을 개발하니, 만약 나타난 경계가 경과 맞지 않으면 취착해서는 안 된다.

_《원각경직강圓覺經直講》 지명智明

**무명의 바다 안에서 원종圓宗을 연설한다.**

無明海裏演圓宗。

**[직강]** 중생의 무명바다 안에서 "원종圓宗"을 연설한다. "원종圓宗"은 바로 원융·원만한 원교의 종지宗旨·원묘圓妙이다. 바로 《원각경》·《화엄경》으로 저 대경을 연설하고, 위없는 불도를 강설하여 곳곳마다 걸림이 없어 무명의 바다 안에서 이렇게 해낼 수 있다.

[27수]

**안근으로도 능히 코의 불사를 짓고,**

眼根能作鼻佛事。

**[직강]** 안근으로도 코의 불사를 해낼 수 있다. 코란 무엇인가? 향냄새를 맡는 것이다. 근마다 서로 통하여, 육근을 서로 넘나들며 쓸 수 있다. 눈으로도 향기를 맡을 수 있고, 코로도 물건을 볼 수 있으며 모두 서로 넘나들며 쓸 수 있다.

**색진에서 선정에 들고 향진에서 묘용을 일으킨다.**

色塵入定香塵起。

**[직강]** 색진 안에서 선정에 들고 향진 안에서 선정을 일으키고 선정에서 나와서 신통묘용神通妙用을 일으킨다.

**마음과 경계가 항상 같으나 견상에서 차별이 있다.**

心境常同見自差。

**[직강]** 마음이 바로 경계이고, 경계가 바로 마음으로 그것은 줄곧 서로 통하고 서로 원융하다. 마음이란 무엇인가? 경계란 무엇인가? 온 세계가 유리와 같이 매우 맑고 투명하여 모두 한 덩어리 빛으로 서로 통하고 서로 원융하다. 그러나 이 심경心境의 견見 상에서 담담적적湛湛寂寂한 현현 가운데 그것은 무량의 차별이 있어 모두 현현할 수 있고, 서로 간에 조금도 뒤섞여 산란하지 않으니, 이는 진실로 불가사의하다.

**누가 말할 수 있고 닦지 않겠는가, 물결은 원래 물이라.**

誰言不修波元水。

**[직강]** 누가 말할 수 있고 믿지 않겠는가? 물결은 원래 물이다. 이때 산하와 대지, 중생과 무명, 생과 사가 바로 물이고 바로 본성임을 알게 된다. 여기에 이르러야 맑고 투명하며, 모두 한 덩어리 빛이자 모두 무량광이다. 여기 까지 증득해야 안다. 누가 이러함을 믿지 않겠는가? 진실로 이러하다. 그러나 여기까지 증득하기 전에는 생사는 생사이고, 무명은 무명이며, 물결은 바로 물결이다. 물을 보지 못하고 물결을 집착하여 바로 이러하니, 여기에 이르러야 비로소 믿는다.

[28수]

**고요함도 아니고 비춤도 아니니, 언사가 끊어졌다.**

非寂非照絶言思。

**[직강]** 말로도 사상으로도 이곳에 이를 수 없으니, "언사가 끊어졌다."

**그러나 고요하되 비추니, 공功은 비교할 수 없다.**

而寂而照功無比。

**[직강]** 그러나 또한 고요하고 또한 비추니, 그것의 "공功"은 바로 공덕功德 · 공용功用은 비교할 수 없고 형용할 수 없다. 이는 불가사의한 묘용妙用으로 모두 갖추고 있다.

**권과 실을 쌍으로 행하여 바른 길을 천명하고,**

權實雙行闡正途。

**[직강]** "권權", 대천세계에 천인 노릇을 하고 장군 노릇을 할 수 있으며, 지옥으로 내려 갈 수 있고 갖가지 신분으로 출현할 수 있음을 "권權"이라 한다. "실實"은 바로 부처님의 시현하심, 진실한 도의 시현을 "실實"이라 한다. "권실權實"을 "쌍으로 행할" 수 있어 이곳에서는 성불하고, 그곳에서는 지옥에 내려가고, 저편에서는 국왕노릇을 하고 다른 곳에서는 비구노릇을 하며, 그는 모두 시현할 수 있다. 권과 실을 동시에 진행하고, 동시에 현현하면서 모두 바른 길을 천명하니, 높은 것도 없고 낮은 것도 없다. 범부 입장에서 보면 그곳에서 성불하는 것은 모두 높지만, 저곳에

서 동자노릇을 하고 국왕노릇을 하며 기녀노릇을 하면 낮은 것이다. 실제로는 그렇지 않고, 모두 바른 길이고 모두 하나 같이 평등하여 구별이 없으며, 모두 부처님의 현현으로 바로 우리들 본성의 현현이다.

## 체와 용이 번갈아 도와서 미묘한 종지를 함용한다.

體用更資含妙旨。

**[직강]** 체가 곧 용이고 용이 곧 체이다. 체로 용을 드러내고 용으로 체를 도와서 서로 번갈아 돕고 체현한다. 그래서 미묘한 종지를 함용含容한다고 말씀하신다. 이것이 대도무방大道無方[135]·대도묘용大道妙用으로 바로 이곳에서 매우 기묘하다. 그래서 여기까지 대도가 원만함을 말하였다. 왜냐하면 정혜를 통과하고 초보적인 지관을 통과하여 곧장 여기까지 닦으면 바로 원만한 부처이다. 그런 후에 변화의 경계를 시현한다. 아래에서는 우리들에게 닦을 것을 권하신다.

---

135) 대도大道는 사방 법계에 두루하여 일정한 장소(方)가 없다는 말이다. 어떠한 곳으로 치우쳐서는 안 된다는 뜻이다.

[29수]

**제자 수도인에게 권하니, 헛되이 버리지 말라.**

勸諸子勿虛棄。

**[직강]** "제자諸子" 수도인에게 권하니, 선정과 지혜를 "헛되이 버리지" 말고, "내가 바로 부처이니, 수행을 거칠 필요가 없고 각조覺照를 거칠 필요가 없다."는 등 이치에 닿지 않는 않은 말을 하지 말라. 반드시 공부해야 하고 체득하여야 한다.

**왜냐하면 광음은 화살 같고 흐르는 물 같다.**

光陰如箭如流水。

**[직강]** 인생백년은 매우 빨리 사라지고 지나가므로 시간을 소중히 여겨 아껴야 한다.

**[보충]** 세월은 화살보다 빠르게 흐르고 목숨은 이슬보다 잠시 머문다. 어떠한 선교방편으로도 흘러가는 단 하루의 시간도 되돌릴 수 없다. 헛되이 산 백년의 삶은 애석한 세월일 따름이다. 이것은 애달픈 껍데기 몸(形骸)일 따름이다. 설사 백년의 세월을

감각(聲色)의 노비로 헛되이 살았을 지라도 그 가운데 단 하루라도 수행하여 생사를 마쳤다면, 이것은 이번 생에서 백년을 수행하였을 뿐만 아니라, 백년의 또 다른 생도 제도 받을 것이다. 이 단 하루의 삶도 가장 존귀한 삶이고, 가장 존귀한 껍데기 몸이다. 이 수행을 할 수 있는 몸과 마음을 스스로 사랑하고 스스로 공경하여야 한다. 우리들의 수행에 의지하여 모든 부처님의 수행이 현현하고, 일체제불의 대도大道는 어느 곳이든 통하여 이른다. 따라서 단 하루의 수행이 곧 일체제불의 종자이고, 일체제불의 수행이다.

_《수증의修證義》 도원道元선사

**산란한 것은 전부 선정의 문이 모자라기 때문이고,**

散亂全因缺定門。

**[직강]** 사람이 왜 산란하냐 하면 그것은 바로 선정의 문이 없고 적지寂止가 없으며, 멈춤이 없고 고요함이 없기 때문이다.

**어리석고 맹목적인 것은 단지 진여의 지혜가 줄었기 때문이다.**

愚盲祇爲虧眞智。

**[직강]** 어리석고 맹목적이어서 지혜가 없으면 단지 그에게 진여의 지혜가 줄어들었거나 없기 때문에 비추지 못한다. 고요하되 능히 비추어야 진여의 지혜를 드러내 보일 수 있다.

[30수]

**진실한 말로 귀에 담아야 한다.**

眞實言須入耳。

**[직강]** 연수대사께서 하신 말씀은 모두 진실한 말이고, 불조의 말이며, 수도인이 경험한 진실한 과증果證·진실한 법문이라는 말이다. 귀에 들어와야 하고, 귀에 담아야 하며, 잘 이해하여야 하고, 말씀에 비추어 공부해야 한다.

**천경만론은 표시 기록한 것과 같다.**

千經萬論同標記。

**[직강]** 천경만론은 말하자면 모두 함께 이런 작위로써 표시

기록한 것이고, 이런 작위로써 대도의 근본을 체현한 것이다.

**선정과 지혜를 전부 닦고 잠시도 잊지 말아야**

**定慧全功不暫忘。**

**[직강]** "선정과 지혜를 전부 닦아야" 하고, 하나라도 빠져서는 안 되고 치우쳐서 닦지 말아야 비로소 성취할 수 있다. 그래서 잠시도 잊어서는 안 되고, 잠시도 잊을 수 없으며, 시시각각 선정과 지혜에 있어야 성취할 수 있다.

**일념이 문득 진실한 각지로 돌아간다.**

**一念頓歸眞覺地。**

**[직강]** 만약 선정과 지혜와 상응하여 일찰나의 순간에 "진실한 각지覺地"136)로 돌아갈 수 있으면 바로 개오견성開悟見性하고, 바로 본성각성本性覺性의 광명 가운데 있다. 그래서 빨리 일어나고 또한

136) 1) 수행修行하여 도를 깨닫고자 하는 의지를 말한다. 2) 佛地를 말한다.

빠르다. 그래서 "일념에 문득 돌아가는 곳"은 바로 진각지로 돌아간다고 말씀하신다.

[31수]

**선정은 모름지기 수습하고, 지혜는 모름지기 들어야 한다.**

定須習慧須聞。

**[직강]** 선정은 반드시 수습하여야 하고 반드시 좌선 각조覺照에 애써야 한다. 지혜는 반드시 들어야 하니, 반드시 선지식의 법문을 들어야 잘 이해할 수 있으며, 반드시 자세히 듣고(聽聞) 사유하여야 한다.

**심령으로 하여금 조금도 혼침해서는 안된다**

勿使靈臺一點昏。

**[직강]** 우리들의 심령(靈臺)으로 하여금 아주 조금도 혼침 혼미가 있어서는 안 되고, 아주 조금도 비춤을 잃어서는 안 된다. 시시각각

심령은 맑고 깨끗하고 밝게 비추어야 하고, 사물에 감춰지지도 경계에 영향을 받지도 않으면서 시시각각 환히 비추어야 한다.

**아름드리 큰 나무도 털끝 같은 작은 싹에서 생기듯이**

合抱之樹生毫末。

**[직강]** 아름드리 큰 나무가 하늘을 찌를 듯이 높이 솟아 두 팔을 벌려도 껴안을 수 없다. 아주 조그만 싹으로부터 생겨나고 아주 조그만 수행으로부터 시작되어야 비로소 아름드리 큰 나무를 이룰 수 있다.

**점차 쌓은 공이 지극히 보배로운 지극히 존귀한 경계를 이룬다.**

積漸之功成寶尊。

**[직강]** "적점積漸", 조금만 더 닦고 조금만 더 체득하며 그런 후에 "보존寶尊"을 이룬다. 지극히 보배롭고 지극히 존귀한 것으로 바로 부처의 경계이다.

[32수]

**원숭이도 선정을 배워 천상계에 태어났고,**

獼猴學定生天界。

**[직강]** 과거의 원숭이가 도인이 좌선하는 것을 따라서 좌선을 하였다. 마침내 도인이 죽자 그들 한 사람 한 사람이 모두 죽어서 천상에 올라갔는데, 원숭이도 흉내를 내어 천계에 올라갈 수 있었다.

**여자도 불법을 한번 사유하면 도의 문에 들어갈 수 있다.**

女子纔思入道門。

**[보충]** 요컨대 세상 사람은 탐욕이 많아서 도와 멀어진다(遠道). 지인至人은 탐욕이 없어 도에 나아간다(造道). 남자이든 여자이든 탐욕을 적게 하여 도에 들어감을 알 수 있다. 대개 탐욕이 없으면 청정하고, 청정하면 고요하며, 고요하면 밝고, 밝으면 담적湛寂 진상眞常이 드러나서, 여여한 본체가 각조覺照하지 않음이 없다.

_《선불합종녀금단법요仙佛合宗女金丹法要》 부금전傅金銓

**자리이타와 인과를 닦음이 선정지혜 가운데 갖추어지니,**

自利利他因果備。

**[직강]** 자신을 이롭게 하고 타인을 이롭게 하며, 인을 닦고 과를 닦는 전체 과정이 모두 선정과 지혜 가운데 갖추어져 있다. 선정과 지혜를 모두 갖추면 일체가 모두 갖추어진다.

**선정과 지혜를 떼어놓으면 논할 수 없다.**

若除定慧莫能論。

**[직강]** 만약 선정과 지혜를 떼어놓고 제거한다면 불법을 강설할 수 없고, 수증修證을 강설할 수 없으며, 대도를 강설할 수 없다. 말하자면 대도가 바로 정혜이고, 정혜가 바로 대도이다. 그러나 그것을 명상名相을 지어서 보지 말아야 하니, 그것은 한 물건도 아니고 바로 당하當下이다.

당하에 일념도 생하지 않아 적적연寂寂然하고 매우 공적空寂함이 바로 정定이고 바로 대정大定이다. 어느 때라도 모두 이러하여, 분별이 없고 집착이 없으며, 몸과 마음을 여의고 세계를 여의며, 분별을 여의고 능소를 여의며 집착을 여읜다. 개시할 때는 비교적 모호할 수 있고 혹은 공空이지만, 나중에는 그것은 맑고 투명하며 텅 비어 환한 한 덩어리(一片)로 모두 이렇게 텅 비고 밝아서 매우 맑고 투명하며 변제邊際가 없고 내외도 없다. 이는 바로 법신이다.

지혜慧는 개시할 때는 바로 앞쪽이고, 혹은 당하에 조금 환히 비추고 조금 명백하거나 혹은 그것을 비춤을 안다. 개시할 때는 조금 신령한 빛이 공空 안에 있고 적적寂寂 가운데 그것을 비춘다. 나중에는 몸과 마음 전부가 이 비춤 가운데 녹아서 융화되어 버린다. 그런 후에 당신은 어떤 경계이든 모두 환히 비춤이고, 분별의 환히 비춤과 명명낭랑明明朗朗이 없으며, 망념이 한번 일어나면 한번 비춤이 없다고 여긴다. 이때 대단한 공적空寂 가운데 이런 밝음(明朗)이 점점 더 투철해지고, 점점 더 환히 비추며, 역량이 점점 더 커진다. 그런 후에 환히 비추는 한 덩어리, 한 덩어리의 환히 비춤은 행주좌와에 모두 이러하여, 여기서 다시는 망념을 볼 수 없고, 더 이상 번뇌를 볼 수 없으며, 더 이상 몸과 세상에 집착하지 않는다. 그런 후에 세계 일체는 모두 환히 비춤 중에 그것을 포용 · 염착하고, 모두 공적空寂의 환히 비춤 가운데 있다. 그러면 도를 이루어, 일체 모두 여기서 현현하고 여기서 작용을 일으킨다.

그런 후에 이런 환히 비춤이 한번 중생에 비춤이 바로 방광하여 중생을 가지加持함이다. 이런 중생은 갑자기 매우 맑으며, 혹은 기맥이 바뀌거나, 혹은 심념心念이 변화한다. 모두 여기로부터 비추어 오니, 이것이 바로 정혜定慧이다. 명상名相을 말하면 이치가 매우 많은 것 같지만, 실제로는 바로 이렇게 간단하다. 개시할 때는 정혜가 있으니, 바로 마음을 밝혀 견성함이다. 나중에는 위없는 도과로 바로 원명투철圓明透徹이다. 그런 후 정혜 중에 변화가 드러날 수 있다. 왜냐하면 이런 정혜의 체성, 이런 도는 바로 무한한 에너지·대지혜 광명을 써서 일체를 변화시킬 수 있다. 왜냐하면 산하대지는 모두 그것이 조성한 것이고, 모두 그것이 현현한 것으로 매우 많은 화신·매우 많은 변화를 현현할 수 있다. 뒤에서 말할 것은 바로 이러한 부처님의 경계이다.

그래서 말한다. 모든 정혜는 인을 닦음에서 과증果證에 이르기까지 모두 그것이고, 다른 것은 없다. 그러면 당신은 알게 되니, 삼장 십이부경을 많이 배울 필요가 없고 그것에 의지해 해내면 된다. 밀종이 그것이고, 대수인大手印·대원만大圓滿·선종禪宗·천태종이 모두 그것이다. 실제로는 정토종의 염불도 정혜이다. 올바로 염불할 때 일념도 생하지 않고 분별도 없으며, 오로지 염할 뿐, 바로 공적空寂이고 바로 선정이다. 올바로 염불할 때 또렷이 분명하고 맑고 밝음이 바로 지혜이다. 이때 지관止觀의 첫 걸음이다. 만약 부처님 명호가 사라지면 한 덩어리 공空으로, 바로 선정이다. 아무것도 없지만 없을 때 명명백백하고 맑고 투명함이 바로 지혜로 부처님의 명호도 사라지니, 이것이 이理 상이다. 앞은 사事이고, 이것은 이理 상의 정혜이다. 정토종도 이것이고, 일체가 모두 여기로부터 현현하는 것으로 불가사의·불가사의가 모두 여기에 있다.

당신이 여기를 잘 알면 바로 대개원해大開圓解・통종통교通宗通教 뿐만 아니라 어떤 문제이든 다 분명히 이해하고 모두 융통할 수 있다. 당신은 《과경果經》이 모두 이와 같다고 여기지만, 각도도 다르고 명상名相도 다르며, 설법도 다르고 작용도 다르며, 표현되는 것도 다르니, 여기는 체험이 필요하다. 경험하지 못한 것은 아무리 이해하여도 통하지 않으니, 당신은 체득해야 한다. 《과경果經》을 보고 모두 통하고 모두 명백하며, 모두 가리키는 것은 이것이고, 가리키는 것은 당신 자신이다. 그러나 어떤 것에 도달하지 못하면 나중의 변화신처럼 원명낭조圓明朗照에 도달하지 못하지만, 당하에 조금 체득이 있을 뿐이니, 이렇게 된 일이다. 그런 후에 이 체득은 중단 없이 깊이 들어가고 중단 없이 철저하며, 중단 없이 원만하고 중단 없이 구경이며, 그런 후에 걸림 없이 변화한다. 그래서 이 아름드리 큰 나무가 털끝만한 작은 싹에서 나오듯이 조금만 더 천천히 쌓고 천천히 개발하여 곧장 원만에 이르기까지 모두 여기서 나온다.

그러나 절대로 경계에 머물러서는 안 되고, 분별심에 머물러서도 안 되며, 법에 집착해서도 안 되고 신체에 떨어져서도 안 된다. 어떤 경우라도 잠시라고 한번 머물면 정혜가 곧 사라진다. 당신이 몸의 선정에 집착하면 진정한 선정이 아니다. 집착・분별심의 지혜는 진실한 지혜가 아니다. 진정한 선정은 분별이 없다. 일종의 적멸・적지부동寂止不動으로 이것이 진정한 선정이다. 진정한 지혜는 환히 비춤 · 명명낭랑明明朗朗이다. 그것은 분별의 환히 비춤이 없음이니, 일종의 지식도 아니고 개념도 사상도 아니다. 매우 많이 아는 것은 지혜가 많은 것과 같지 않다. 진정으로 지혜가 있는 사람은 오히려 많이 알 필요가 없다. 단지 그는 지금 이 순간 알고, 직접 안다. 그래서 진정한 선정, 그것은 일종의 녹아버림(消融) · 밝게 깨달음(明覺) · 뛰어넘음(超越)이고, 진정한 지혜는 드러나 나타남(顯現) · 환히 비춤(朗照) · 직접적 체현이라고 말한다.

그래서 당신의 일도 지혜이고, 걷는 길도 지혜이며, 일체 작용이 모두 지혜라고 말할 수 있다. 그러나 걷는 길에서는 자신을 찾을 수 없음이 바로 선정이고, 말에서 자신을 찾을 수 없음이 바로 선정이다. 말할 수 있되, 말에서 매우 많은 변화 · 깊은 뜻 · 대단한 선교방편이 있음이 바로 지혜이다. 그러나 생각을 일으켜서 말하는 것은 아니다. 생각을 일으켜서 말하면 지혜가 아니다. 그것은 자성본연에서 직접 흘러넘치는 것이다. 그래서 곳곳마다 모두 체현할 수 있다. 식사를 할 때 누군가 먹고 있지 않고, 스스로 먹히는 것이 없음이 바로 선정이다. 그러나 어떤 채소인지 어떤 맛인지 똑똑히 잘 알아 생각하지 않아도 앎이 지혜가 환히 비춤이다. 언제든지 다 이러하다. 어느 세계 가운데 만나도, 예를 들면 복잡한 경계 · 욕망의 세계 · 진로塵勞 번뇌를 만나도 당신의 마음이 조금도 움직이지 않고, 조금도 물듦이 없으며, 집착이 없음이 바로 선정이다.

그런 후에 이 사물에 대해 매우 똑똑히 알고, 여기서도 노닐며 변화할 줄 앎이 지혜이다. 이런 일이 무서워 나는 피하며 감히 경험하고 나아갈 엄두도 못 낸다고 말하는 것이 아니다. 그렇다면 당신은 지혜가 없고 이런 선정은 치우치고 시들어버린 것으로 수승한 선정이 아니다. 이는 바로 대단히 미묘하고, 이 안에 무량한 공덕을 갖추고 있으며, 복덕이 그 안에 있고 인연이 그 안에 있으며, 무량한 장엄 · 무량한 미묘함이 모두 그 안에 있다. 그렇다면 유리가 보배 달을 머금고 있는 경계로 대단히 수승하고 곳곳마다 그것이라고 형용한다.

당신은 일체가 모두 도임을 통달하여야 한다. 이것을 일체가 모두 도를 이루는 경계라고 말한다. 식사하는 것도 도이고, 잠자는 것도 도이며, 가정에서 부부 생활하는 모든 일상생활 전부가 도이니, 어디가 아니겠는가? 당신은 다 함께 있을 때 욕망이 없고, 담연부동湛然不動하며, 또한 또렷하고 분명하며, 또한 작용을 일으킬 수 있고 노닐 수 있으며, 모두와 대단히 친밀하고 화합하며, 대단히 자재하니, 이것이 도가 아니겠는가? 그래서 도는 일체처에 두루한다. 도가 일체 처에 두루한다고 해서 매우 큰 도가 있다고 말하는 것은 아니다. 그것은 어느 곳에서나 모두 이러하여 활발하고 유동적이다. 그래서 도가 일체 처에 두루하다고 말한다. 말하는 것도 그것이고, 길을 걷는 것도 그것이며, 설사 천백억 화신도 이럴지라도 본질은 이러하다. 하나와 천백 억은 구별이 없고, 하나가 일체이며 일체가 하나로 이렇게 체현하는 것을 도가 일체 처에 두루하다고 말한다.

어느 때든 나는 부처이고 나는 선생이며, 나는 어떠어떠하고, 나는 남자이고 나는 여자라고 생각하지 않는다. 그것은 어떤 고정된 배역이 없다. 그러나 그것은 다른 배역을 맡을 수 있다. 스승의 역할을 맡고, 남자 · 여자 · 지도자의 배역을 맡을 수 있으며, 무엇이든 다 해낼 수 있고, 다 역할을 맡을 수 있으니, 그것이 바로 정혜이고 바로 도이다. 그러나 나 자신에게는 아무런 의도가 없다. 나는 무엇인가? 그것에는 득도 없고 실도 없으며, 안에도 없고 바깥에도 없지만, 일체를 현현할 수 있다. 당신은 이것이 얼마나 유동적인지, 얼마나 자재한지 알 것이다. 만약 당신이 이를 이해하지 못하고 항상 좌선을 하려고 하면 어떻겠는가? 나는 닦아야 한다. 나는 누구인가? 나는 도를 이루려 한다. 그렇다면 차이가 크다. 그렇다면 당신은 차이가 너무 크다. 그렇다면 어떻게 체현할 수 있겠는가?

도에는 남아있는 것이 없고, 한 물건도 없으며, 일체가 전혀 없다. 이는 말라버린 것 아님이 없고, 이는 그렇게 투명하지도 그렇게 명료하지도 그렇게 분명하지도 않다. 그러나 그 안에는 또한 일체를 갖추고 있고, 모두 그 안에 있으며, 무엇이든 그 안에 있어야 바로 도이다. 그렇지만 당신이 한 곳에 머물면 옳지 않다. 물건을 실유實有로 여기고, 나를 실유實有로 여기며, 도를 하나의 경계로 삼아 추구하면 당신에게는 도가 없다.

수행력이 지극하면 자연히 성스러운 경지가 바야흐로 밝아지나니, 착한 인연으로 난 제법諸法의 이치가 스스로 본디부터 그러하기 때문이다. 따라서 십지보살의 경지를 증득하게 되면 지地마다 상相이 모두 현전하는데, 이런 까닭에 "뜻이 간절하면 그윽히 가피를 느끼기에 도가 높으면 마魔도 치성한다"고 하는 것이다. 예컨대 혹 선정의 생각이 미묘하게 들다 보면 다른 모양으로도 변해 보이며, 혹 예배나 경을 독송함에 뜻이 간절하다 보면 잠시 상서로운 모양을 보기도 하는 것 등이다.

그러나 이 모든 경계들이 오직 마음의 그림자인 줄 깨닫는다면 보아도 보는 바가 없으려니와, 그렇지 않고 만일 이런 것들을 탐착해 취한다면 마음 밖에 따로 경계가 생겨서 곧 마사魔事를 이루고 마는 것이다. 그렇다고 또한 버리기에만 몰두한다면 좋은 공덕과 재능까지 버려서 닦아 나아갈 문이 없어지고 만다.

-영명연수선사 '만선동귀집'

## 유심결 강술

**1판 1쇄 펴낸 날** 2019년 3월 21일(열반재일)

**지음** 영명연수대사 **편역** 도영스님
**발행인** 김재경 **편집** 허만항 **디자인** 김성우 **마케팅** 권태형 **제작** 경희정보인쇄
**펴낸곳** 도서출판 비움과소통(blog.daum.net/kudoyukjung)
경기 파주시 야당동 191-10 예일아트빌 3동 102호
전화 031-945-8739 팩스 0505-115-2068
이메일 buddhapia5@daum.net


ISBN 979-11-6016-047-5 93150